Barbara und Hans Otzen

Die
Rheinische Küche

EDITION
LEMPERTZ

Impressum

Math. Lempertz GmbH
Hauptstr. 354
53639 Königswinter
Tel.: 02223 / 90 00 36
Fax: 02223 / 90 00 38
info@edition-lempertz.de
www.edition-lempertz.de

© 2011 Mathias Lempertz GmbH

Texte und Rezepte: Barbara und Hans Otzen

Umschlaggestaltung, Satz und Layout: Ralph Handmann

Printed in Italy

ISBN: 978-3-941557-58-1

Inhalt

Fleisch muss sein - Rinder-, Schweine-, Lamm- und Kalbsgerichte

Es gackert und schnattert - Eier- und Geflügelgerichte

Aus Feld und Wald - Wildgerichte

Aus Flüssen und Seen - Fischgerichte

Zuletzt zum Nachtisch
- Kuchen, Gebäck und was es sonst noch gibt

Vorwort

Die rheinische Küche ist so vielfältig, wie der Rheinländer selbst. Manch traditionelles rheinisches Rezept ist aus der Not des Alltags entstanden, weil man früher weder die Mittel noch die Möglichkeit hatte, einfach im nächsten Laden einzukaufen, was man für die nächste Mahlzeit benötigte. Viele der heute von den Rheinländern so sehr geschätzten Rezepte entstammen der Arme-Leute-Küche – bestes Beispiel ist die *Flönz*, die einfache Blutwurst, die heute aber längst Kultstatus hat.

So spiegelt die Rheinische Küche die Kultur der Rheinländer wider, die meist gut katholisch, aber immer fröhlich sind. Bier und Wein zu einem deftigen Essen machen den Rheinländer glücklich, gleichzeitig ist er heute aber auch Genießer geworden, wie die Verfeinerung vieler herkömmlicher Rezepte zeigt – bestes Beispiel ist der Sauerbraten, der traditionell aus Pferdefleisch, heute aber aus edlen Teilstücken des Rindes bereitet wird.

So versucht dieses Rheinische Kochbuch, sowohl die einfachen Rezepte in ihrer ursprünglichen Form und in ihrem kulturgeschichtlichen Kontext darzubringen als auch gleichzeitig daraus entwickelte, der modernen Zeit angepasste Rezepte aufzuführen. Und wenn man nun das Kerngebiet der rheinischen Küche sucht, so wird man keine klaren geografischen Grenzen finden. Zehn Kilometer rechts und links des Rheins zwischen Köln und Koblenz beschied die Verlegerin – da kommt Düsseldorf nicht vor!

VORWEG
Süppchen und kleine Salate

Die Rheinländer sind Genießer. Wein, Weib und Gesang sind ihr „täglich Brot" – aber dazu muss es leckere Vorspeisen geben.

Kräutersüppchen

ZUTATEN (für 4 Portionen)

4 Blätter	Sauerampfer
15	Kerbelblättchen
10 g	Kresse
1/2 Bund	Schnittlauch
3/4 l	Fleischbrühe
1	altbackenes Brötchen
15 g	Butter
2	Eier
1 Prise	Muskat
	Crème fraîche

ZUBEREITUNG

- Die Kräuter klein hacken (einige Kräuter zur späteren Dekoration beiseite stellen).

- Die Kräuter 10 Minuten in 1/2 Liter Brühe sieden lassen.

- Das altbackene Brötchen in der restlichen Fleischbrühe einweichen.

- Das eingeweichte Brötchen aus der Brühe nehmen und mit der Butter und den Eiern glatt rühren und mit der Prise Muskat würzen.

- Den Topf von der Feuerstelle nehmen und die Brötchenmasse nach und nach in den Kräutersud einrühren.

ANRICHTEN

- Die Kräutersuppe in Teller füllen, einen Löffel Crème fraîche auf die Suppe geben und mit den beiseite gelegten Kräutern bestreuen.

- Zur Suppe Baguettescheiben reichen.

Sinzig

Wenn es um rheinische Kräuterrezepte geht, muss man sofort an Sinzig denken. Hier hat sich der Spitzenkoch Jean Marie Dumaine in seinem Restaurant „Vieux Sinzig" niedergelassen – seine Vorliebe gilt den heimischen Wildkräutern. In seinen Kochseminaren lehrt er vor allem die Verarbeitung von Kräutern, und seine Schüler müssen mit ihm in die Natur gehen, um die Wildkräuter dafür zu sammeln.

Doch Sinzig ist ohnehin eine Reise wert. Der Ortsname von Sinzig leitet sich von der römischen Siedlung *Santiacum* ab. In nachrömischer Zeit stand hier ein fränkischer Königshof, dann eine Kaiserpfalz zur Sicherung der am Rhein entlang verlaufenden Aachen-Frankfurter Heerstraße als wichtigster Verkehrsverbindung im Römischen Reich Deutscher Nation. 1267 erhielt Sinzig Stadtrechte, wenig später wurde mit dem Bau der Stadtmauer begonnen.

Hoch über dem Rhein- und Ahrtal erhebt sich die Sinziger Pfarrkirche St. Peter, eine spätromanische, im rheinischen Übergangsstil 1220-40 errichtete Emporenbasilika mit Vierungsturm. Ihre heutige Farbgebung entspricht wieder der ursprünglichen Bemalung mit abgesetzten Kanten, Lisenen und Gesimsen. Die Emporen über den Seitenschiffen sind im Querschiff und im Chor als Umgang weiter geführt, was dem Kircheninneren ein besonders harmonisches Erscheinungsbild beschert. Wertvoll ist die Innenausstattung, insbesondere der Hochaltar mit dem Triptychon aus dem Jahre 1480, die Figur der thronenden Muttergottes mit Kind, eine rheinische Schnitzarbeit aus der ersten Hälfte des 14. Jahrhunderts, dazu gibt es noch viele weitere Skulpturen und Bilder. Ein Ausstattungsstück der besonderen Art stellt die Mumie in der rechten Chorkapelle dar, die dort in einem gläsernen Sarg ausgestellt ist. Im Volksmund wird die Mumie als der „Heilige Vogt" bezeichnet, denn sie tauchte erstmals 1736 in den Kirchenannalen auf – es soll sich um einen Sinziger Amtmann gehandelt haben, der auf diese Weise bis in die Jetztzeit überlebt hat.

Am Kirchplatz steht auch das klassizistische Rathaus der Stadt, 1834-37 als Stadt- und Schulhaus erbaut. Unterhalb der Kirche findet man den alten Zehnthof mit seinem sehenswerten Innenhof und dem „Rittersaal". Die Geschichte des Zehnthofs reicht bis in das Jahr 855 zurück. Das Vordergebäude ist barock, das dahinter liegende schlossartige Gebäude stammt aus dem Jahr 1875. Reizvoll ist die von alten Häusern gesäumte Straße zum Markt, von der auch die Schlossstraße abzweigt. Im Sinziger Schloss ist heute das Heimatmuseum untergebracht. Den bestehenden Bau ließ sich ein Kölner Kaufmann im neugotischen Stil der Rheinromantik am Standort der alten Sinziger Burg als Sommerresidenz errichten. Die Gartenanlagen gestaltete man im Stil eines romantischen Parks. Dabei blieben der Schlossgraben und Reste der alten Mauern erhalten.

Linsensüppchen

ZUTATEN (für 4 Portionen)

250g	getrocknete Tellerlinsen
1 l	Gemüsebrühe
1	Lorbeerblatt
3	mittelgroße Kartoffeln
1 Bund	Suppengrün (je 200 g Möhren, Lauch und Sellerie sowie etwas Petersilie)
125g	Speckwürfel
2	kleine Zwiebeln
1 TL	Zucker
2 EL	Weinessig (oder Balsamico-Essig)
	Salz und Pfeffer

Überall dort, wo die Böden schlecht und die Bauern arm waren, wurden Linsen angebaut. Insofern galten Linsen früher als Arme-Leute-Essen. In Schwaben waren Linsen auf der kargen Alb sogar Grundnahrungsmittel – noch heute zeugt das Gericht „Linsen mit Spätzle" von der einstigen Bedeutung dieser Hülsenfrucht.

Linsenanbau war ein mühsames Geschäft. Sie wurden meist in Gersten- oder Haferfeldern ausgesät, an deren Stängeln sich die Linsenpflanzen empor rankten. Es war dann meist Kinderarbeit, die Linsensamen aus dem Getreidefeld herauszuklauben – im Rheinland war das nicht anders.

Verwendet werden die getrockneten Samen der Linse, die je nach Sorte gelb, braun, grün, orange oder auch schwarz sein können. Die Linse ist reich an Eiweiß, Kalium, Phosphor, Magnesium, Eisen sowie Vitaminen aus der B-Gruppe. Insofern boten Linsen in der weitgehend fleischlosen Armut großer Bevölkerungsschichten eine gute Nahrungsergänzung, zubereitet als Suppe bzw. Eintopf, als Beilage, als Brei oder auch in Form von Mehl.

ZUBEREITUNG

■ Die Tellerlinsen auf ein Sieb geben, abspülen, mit Gemüsebrühe und Lorbeerblatt in einen Topf geben, dann alles zum Kochen bringen.

■ Gemüse und Kartoffeln waschen, putzen, klein schneiden, die Zwiebeln schälen und würfeln.

■ Die Speckwürfel auslassen und die Zwiebelwürfel darin glasig braten. Die Kartoffel- und Gemüsewürfel kurz mit anbraten.

■ Das Gemüse zu den Linsen geben und die Suppe 20–25 Minuten mit Deckel bei mittlerer Hitze knapp gar kochen, so dass die Linsen und das Gemüse noch Biss haben.

■ Kurz vor Ende der Kochzeit die Suppe mit Zucker, Essig, Salz und Pfeffer abschmecken.

ANRICHTEN

■ Die Suppe in Suppentassen füllen und mit fein gehackter Petersilie bestreut servieren.

Leichte Graupensuppe

ZUTATEN (für 4 Portionen)

75 g	Graupen
5	Möhren
1/4	Knolle Sellerie
1	Kohlrabi
3	Kartoffeln
1	Stange Lauch
1 Bund	Liebstöckel
1 EL	Butter
125 g	Speck
1 l	Fleischbrühe
	Salz, Pfeffer

Graupen sind geschälte und polierte Gerstenkörner. Kleine Graupen nennt man Perlgraupen, große Graupen etwas abschätzig Kälberzähne. Leider haben Graupen einen schlechten Ruf als Kriegs- und Notzeitspeise, als Krankenkost oder Schleimgericht – dabei können Graupen richtig zubereitet so lecker sein... Doch inzwischen wagen sich auch Spitzenköche im Rheinland wieder an dieses Produkt heran und machen daraus delikate Suppen oder auch Nachspeisen.

ZUBEREITUNG

- Die Graupen in kaltem Salzwasser aufsetzen und zum Kochen bringen.

- Kartoffeln schälen, Gemüse waschen, putzen und alles in kleine Würfel oder Streifen schneiden.

- Liebstöckel waschen, trocken tupfen, Blättchen abzupfen und fein hacken.

- Die Butter erhitzen und den Speck darin anbraten, das Gemüse mit anbraten, mit der Brühe löschen, salzen, pfeffern.

- Das Gemüse in der Brühe mit Deckel köcheln, bis es gar, aber bissfest ist.

- Nach circa 20 Minuten Garzeit sind die Graupen weich, dann abgießen und in einem Sieb unter fließendem kaltem Wasser so lange abspülen, bis das Wasser klar bleibt.

- Die Graupen zu der Suppe geben und alles kurz durchziehen lassen.

Einfache Zwiebelsuppe

ZUTATEN (für 4 Portionen)

1	Gemüsezwiebel
1	Knoblauchzehe
1 EL	Mehl
1/2 l	Brühe
1 Schuss	Weißwein
	Salz, Pfeffer, Muskat

ZUBEREITUNG

- Die Zwiebeln schälen, in Scheiben schneiden und glasig dünsten.

- Den Knoblauch abziehen, pressen und mit hinein geben.

- Alles zusammen mit Mehl bestäuben und dann die Brühe und den Weißwein dazu geben.

- Die Suppe abschließend mit Pfeffer, Salz und Muskat würzen.

ANMERKUNG

- Für die französische Variante der Zwiebelsuppe gibt man die Suppe in 4 feuerfeste Schalen, toastet 4 Scheiben Weißbrot und schneidet sie so zurecht, dass sie in die Schalen passen, bestreicht sie mit etwas Butter und gibt geriebenen Käse (z.B. Emmentaler) darauf. Dann überbackt man die Suppe im vorgeheizten Backofen bei 180° Celsius ungefähr 15 Minuten. Wenn der Käse schön zerlaufen ist, ist die Suppe fertig und kann serviert werden.

Linsensalat

ZUTATEN

100 g	Belugalinsen
1	Frühlingszwiebel
1	Mohrrübe

für die Vinaigrette

1 Scheibe	gekochten Schinken
1	kleine Zwiebel
1 EL	Öl
1 EL	Essig
1 EL	Zucker
	Salz, Pfeffer

zum Abschmecken

Balsamico Essig bzw. Balsamico Creme

ZUBEREITUNG

■ Die Linsen in ½ Liter Wasser 25 Minuten gar köcheln.

■ Den Schinken klein schneiden, die Zwiebel pellen und würfeln.

■ Die Mohrrübe schälen, in Scheiben, die Scheiben in Streifen und die Streifen in kleine Würfel schneiden.

■ Die Frühlingszwiebel einschließlich des Grüns in feine Ringe schneiden.

■ Öl in die Pfanne geben, Schinken und Zwiebeln darin andünsten, Essig und Zucker dazu geben, mit Salz und Pfeffer würzen.

■ Die gar, aber noch leicht bissfest gekochten Linsen in einem feinen Sieb abtropfen lassen.

■ Alle Zutaten vermengen.

ANRICHTEN

■ Der Linsensalat muss eine Weile ziehen und mit Balasamico-Essig oder -Creme abgeschmeckt werden.

■ Er kann in kleiner Portion als Amuse Bouche, aber auch als Vorspeise und als Beilage zu einem kräftigen Gericht gereicht werden.

Belugalinsen sind besonders kleine Linsen, in Farbe und Größe dem gleichnamigen Kaviar ähnlich. Sie sind von besonders feinem Geschmack und vor allem in Reformhäusern erhältlich.

Zwiebelmarkt Bad Breisig

Das Breisiger Ländchen war eines der vielen Einzelterritorien des Römischen Reiches Deutscher Nation, dass sich über ein Jahrtausend im Besitz des Reichsstiftes Essen befand. Zu diesem kleinen Territorium gehörten Niederbreisig, Oberbreisig, Gönnersdorf, Niederlützingen, Oberlützingen, Brohl und ein Teil von Rheineck. Eine erste Erwähnung fand das Breisiger Ländchen am 4. Juni 898 in einer Schenkungsurkunde König Zwentibolds von Lotharingen an die Äbtissin Wicburg des Reichstifts Essen. Die tatsächliche Schenkung des Breisiger Ländchens an das Stift ist dann zur Zeit der Äbtissin Mathilde (971-1011) beurkundet. Als Vögte des Breisiger Ländchens traten seit dem Spätmittelalter die Herzöge von Jülich auf.

Unter der Fürstäbtissin Berta von Arnsberg (1241-1292) wurde Breisig um 1280 mit Graben und Ringmauer befestigt. Im Jahre 1374 erhielt Breisig als Mittelpunkt des Breisiger Ländchens auf Ersuchen des Burggrafen zu Rheineck, Johann VI., von Kaiser Karl IV. das Marktrecht. Aus dem historischen Marktrecht entwickelte sich der heutige Zwiebelmarkt, der jeweils an einem erweiterten Wochenende in der zweiten Septemberhälfte stattfindet. An etwa 300 Verkaufsständen kann man dann alles erwerben, was für den Bedarf des täglichen Lebens benötigt wird. Die Stände stehen in der unteren Bachstraße, in der Grabenstraße, der Rheinstraße, am Rheinufer und in der Ernst-Schwickerath-Allee (Kurpark) und sind jeweils von 10.00 bis mindestens 18.00 Uhr geöffnet.

Wildkräutersalat

Wildkräuter wachsen im Bonner Raum an den verschiedensten Stellen, im Wald, an Wald- und Wegesrändern, an Gräben, in der lockeren Feldflur – auf einem Streifzug durch das Pleiser Ländchen wird man sicherlich fündig.

ZUTATEN (für 4 Portionen)

je 50 g	junge Löwenzahnblätter, Sauerampfer, Brennnesseln und Brunnenkresse,
1	kleine Zwiebel, klein geschnitten
3 EL	Essig
	Salz, Pfeffer
100 g	durchwachsener Speck, klein gewürfelt
50 g	Knollensellerie, grob geraspelt
	etwas Butter
	Zitronensaft

ZUBEREITUNG

- Wildkräuter vorsichtig in reichlich Wasser waschen, gründlich abtropfen lassen und in einer großen Schüssel mischen.

- Sellerie mit Zitronensaft beträufeln, in etwas Butter gerade eben bissfest dünsten und zum Salat geben.

- Den Speck auslassen, die Zwiebeln darin glasig dünsten, den Essig dazu geben und die Sauce mit Pfeffer und Salz abschmecken.

- Die Sauce über den Salat gießen und diesen sofort servieren.

Pleiser Ländchen

Eingebettet zwischen dem Siebengebirge und den Ausläufern des Westerwaldes wird das Pleiser Ländchen durch das Siegtal im Norden begrenzt. Es ist ein eigenständiger Naturraum, dessen Achse vom Pleisbach gebildet wird, der auch der Namensgeber der Region ist und durch seine beiden Quellbäche Logebach und Quirrenbach bei Hüscheid auf 150 Metern Höhe gebildet wird. Der Pleisbach mündet nach gut 15 Kilometer langem Lauf bei Niederpleis in die Sieg.

Westerwald und Siebengebirge sind erdgeschichtlich unruhige Bergformationen, und so blieb auch das Pleiser Ländchen nicht von den magmatischen und tektonischen Kräften der Erde verschont – auch hier finden sich eine Reihe von Vulkankuppen, die aber weniger markant hervortreten. Dennoch waren diese Kräfte ursächlich für die Entstehung von Erzlagerstätten, die das Land im Mittelalter wirtschaftlich interessant machten. Dazu treten die Ablagerungen eines tertiären, subtropischen Sees, der einst das Pleiser Ländchen bedeckte und Braunkohle und andere bergbaulich verwertbare Bodenschätze hinterließ. Ton und Schiefer, Blei und Zink, Silber und Kupfer wurden hier über Jahrhunderte hinweg abgebaut. Landschaftsbezeichnungen wie Eisental oder Straßennamen wie Kupferweg oder Silberweg in Bennerscheid ver-

weisen auf den einstigen, bergbaulichen Reichtum des Pleiser Ländchens.

Insgesamt zeigt sich das Pleiser Ländchen als eine vom Kastental des Pleisbaches eingesenkte Hügellandschaft, die weithin mit Löss und Lösslehm sowie Tuffen bedeckt ist. So wird das Pleiser Hügelland hauptsächlich ackerbaulich genutzt, durchzogen von Wieden, Gebüschen, Gehölzen und kleineren Waldstücken. Zum Westerwald und zum Siebengebirge hin geht die Landschaft in immer geschlossenere Waldbestände über. Die vielseitige Landschaft, durchzogen von den vielen Bächen als Zuflüsse des Pleisbaches, gibt einer vielfältigen Krautflora Lebensraum – eine wahre Fundgrube für Kräuterliebhaber.

Das Pleiser Ländchen ist nicht nur landschaftlich reizvoll, sondern auch kulturgeschichtlich hoch interessant. Erste Siedlungsspuren führen bis in die jüngere Steinzeit zurück, wie eine Reihe von Funden an Feuersteinwerkzeugen und Urnengräbern belegen. Im Zuge der fränkischen Landnahme zwischen 500 und 800 n.Chr. erfolgten dann weitläufige Rodungen – ein Gaugraf befehligte über die Region von seinem Fronhof in Oberpleis aus. Das prosperierende Kloster auf dem Michaelsberg in Siegburg legte ein Tochterkloster als Propstei an diesem Oberpleiser Fronhof an, dessen Kirche dem im Ort verehrten heiligen Pankratius geweiht war. Diese Kirche wurde Mitte des 12. Jahrhunderts als eine schlicht gehaltene, flach gedeckte dreischiffige Pfeilerbasilika nach dem Vorbild der Mutterkirche auf dem Michaelsberg errichtet. Von dieser Kirche stammen bis heute die Krypta und der untere Teil des Langhauses. Der quadratische Vierungsturm wurde der Kirche 1160 im Westen vorgesetzt und ist inzwischen mit einer achtseitigen gotisierenden, mit Schiefer gedeckten Pyramidenspitze bekrönt.

War der erste Bau der Pankratiuskirche noch ganz im Stil der salischen Romanik errichtet worden, so erhielt die Kirche in den Jahren 1210-50 ihr heutiges Aussehen in gestaltungsfreudiger staufischer Architektur. Die Vierung und der Ostchor wurden auf dem alten Grundriss neu gebaut, das Langhaus eingewölbt. Das nördliche Seitenschiff, das wegen des schlechten Baugrundes baufällig geworden war, wurde zu Beginn des 16. Jahrhunderts in gotischen Formen erneuert. Die Klosterbauten entstanden zwischen 1120 und 1150. Vom Kreuzgang ist allerdings nur der zweigeschossige Westflügel mit beachtenswerten Kapitellen erhalten. An der Ostseite des ehemaligen Kreuzganggevierts steht das Propsteigebäude, ein zweigeschossiger verputzter Bau aus dem Jahr 1645, das heute als Pfarrhaus dient. Die Südseite schließt eine Mauer ab, in die ein Barocktor eingelassen ist. Im Zuge der Säkularisierung wurde die Propstei im Jahre 1803 aufgehoben, die Kirche seither als Pfarrkirche genutzt. Schon bei der Instandsetzung der Kirche im Jahre 1952 trat die ursprüngliche romanische Bemalung der Kirche hervor. Sie wurde nach den erhaltenen Teilen restauriert, ebenso die spätgotische Ausmalung des nördlichen Seitenschiffes mit Diestelranken.

Das bedeutendste Kunstwerk, über das die Pankratiuskirche verfügt, ist das Dreikönigsrelief, das heute als Hochaltar dient und früher vermutlich den Vorsatz des Altars in der Krypta bildete. Diese romanische Steinmensa-Arbeit stammt aus der zweiten Hälfte des 12. Jahrhunderts. Unter dem Figurenschmuck der Kirche ist besonders auf das Vesperbild aus dem 15. Jahrhundert links vom Eingang hinzuweisen. Vier auf Konsolen angebrachte Evangelistenfiguren stammen aus dem 17. Jahrhundert. Von der alten Ortspfarrkirche stammt noch die Kreuzigungsgruppe vor der Pankratiuskirche.

Rheinischer **Chicoréesalat**

ZUTATEN (für 4 Portionen)

500 g	Chicorée
2	unbehandelte Orangen,
1	kleine Zwiebel
4 EL	Zitronensaft
	Pfeffer, 1 Prise Ingwerpulver
1 TL	Zucker
3 EL	Öl

ZUBEREITUNG

■ Den Chicorée waschen und klein schneiden.

■ Die Orangen waschen, schälen und filetieren.

■ Die Orangen mit dem Chicorée mischen.

■ Die Zwiebel schälen und fein würfeln.

■ Aus Zitronensaft, Salz, Pfeffer, Ingwer, Zucker, Zwiebelwürfeln und dem Öl eine Sauce rühren.

■ Den Chicorée und die Orangenfilets mit der Sauce mischen.

ANRICHTEN

■ Die Orangenschalen raspeln und den Salat mit den Raspeln bestreut servieren.

Chicorée aus dem Drachenfelser Ländchen __

Chicorée wurde durch einem glücklichen Zufall vor 150 Jahren in Belgien entdeckt, als Bauern dort ihre Zichorienwurzeln zu tief in die Erde pflanzten. Die Zichorien trieben dann im Winter knackige, herzhaft schmeckende Knospen, die durch den Lichtmangel bleich und zart geblieben waren. Belgien und die Niederlande sind weiterhin Hauptproduzenten von Chicorée, doch ist dieses schmackhafte Gemüse auch längst ins Rheinland exportiert. In Gelsdorf im Drachenfelser Ländchen arbeitet eine Chicorée-Treiberei, die Läden und Märkte zwischen Köln und Koblenz beliefert.

Die Chicoréepflanze wächst im Freiland und sieht dem Löwenzahn sehr ähnlich. Im Herbst schneidet man ihre Blätter ab und die Wurzeln werden aus dem Boden geholt. Dann lagert man die Wurzeln an einem kühlen Ort und treibt sie im Winter an. Dazu braucht es einen 15° bis 20° Celsius warmen, dunklen Raum, in dem die Wurzeln in Kisten gestellt werden. In den frühlingshaften Temperaturen wachsen die Chicoréesprossen heran, die als Gemüse oder Salat so sehr geschätzt werden.

Das Drachenfelser Ländchen ist eine hügelige Landschaft, die sich südlich von Bonn auf der Rheinterrasse erstreckt und in etwa das heutige Gebiet der Gemeinde Wachtberg umfasst. Das Drachenfelser Ländchen wird vom Mehlemer Bach entwässert. Charakterisierend sind die Vulkankuppen, die im Zuge des Siebengebirgsvulkanismus vor 25 Millionen Jahren entstanden, so der 258 Meter hohe Wachtberg zwischen Villip und Berkum, der 230 Meter hohe Stumpeberg sowie der 263 Meter hohe Hohenberg bei Berkum und der unter Naturschutz stehende Dächelsberg zwischen Oberbachem und Niederbachem. Der ebenfalls erloschene Vulkan Rodderberg bei Mehlem zum Rhein hin entstammt einer viel späteren Vulkanperiode. Schon die Römer bauten Trachyt und Basalt dieser Kuppen ab, später wurde dieses Steinmaterial für den Bau des Kölner Doms verwendet.

Nicht die herrliche Aussicht auf den Drachenfels gab der Region ihren Namen, sondern die kurkölnischen Ritter von Drachenfels, die hoch oben über dem Rhein auf der im Jahre 1167 fertig gestellten Burg das Kölner Territorium nach Süden absicherten. Durch Heirat kamen die Herren von Drachenfels im 15. Jahrhundert in den Besitz der Wasserburg Gudenau, der mächtigsten Burganlage in Wachtberg am Zusammenfluss des Godesberger und Arzdorfer Bachs. Sie entstand im frühen 13. Jahrhundert und wurde um 1560 zur vierflügeligen Hauptburg mit Erkern und geschweiften Hauben sowie einem rückwärtigen großen Park ausgebaut. Im 17. Jahrhundert entstand unter italienischem Einfluss die beachtliche Gartenanlage, der einzig erhaltene private Barockgarten des Rheinlandes. Eine zweite Vorburg bestimmt mit ihrem mächtigen fünfgeschossigen Torturm, einem geschieferten Walmdach und einem achteckigen Uhrentürmchen die Schauseite der Burg.

In Gelsdorf gibt es im Übrigen einen ansehnlichen kleinen Herrensitz. Dieser wurde 1766 durch Konstantin von Grube an der Stelle einer Burg aus dem 13. Jahrhundert erbaut. Von dieser Anlage sind im Gartengeschoß noch Gewölbe und eine romanische Säule erhalten. Nach einem Brand wurde die Anlage in den 80er Jahren des vorigen Jahrhunderts restauriert und erweitert in Privatwohnungen aufgeteilt.

In Gelsdorf gibt es noch eine stattliche Anzahl von Bauernhöfen, die meisten davon sind Obstbaubetriebe, einer treibt – wie gesagt – Chicorée. Alljährlich Ende Oktober öffnen sie am „Tag der offenen Höfe" ihre Tore für Besucher, ein Ereignis, das inzwischen über 10.000 Menschen aus der Umgebung anzieht.

Schwarzwurzel-Birnen-Salat

Schwarzwurzeln sind ein urtypisches rheinisches Gemüse, etwas schwierig zuzubereiten, aber als „Spargel des armen Mannes" viel leckerer als gemeinhin angenommen wird.

ZUTATEN (für 4 Portionen)

Für den Salat:

250 g	Schwarzwurzeln
1 Schuss	Milch zum Kochen
1/2 Kopf	Endiviensalat
4	Garnelen
1 TL	Öl
2	Birnen
	Salz

Für das Chutney:

1	kleine Zwiebel
1 TL	Öl
125 g	Preiselbeeren (aus dem Glas)
75 g	Gelierzucker 1:1
1/2 TL	Sambal Oelek
	Saft von 1/2 Orange
3 TL	Rotweinessig
	Salz, Cayennepfeffer

ZUBEREITUNG

- Die Zwiebel pellen und klein schneiden, das Öl erhitzen und die Zwiebel darin andünsten.

- Die Preiselbeeren zugeben und kurz mitdünsten, Zucker, Sambal Oelek, Orangensaft und Essig zugeben.

- Alles zusammen unter Rühren ca. 10 Minuten köcheln lassen, mit Salz und Cayennepfeffer abschmecken und auskühlen lassen.

- Die Schwarzwurzeln schälen, in Scheiben schneiden und in Salzwasser mit der Milch ca. 15 Minuten kochen, abgießen, kalt abschrecken und abtropfen lassen.

- Den Endiviensalat putzen, abspülen, mundgerecht zerpflücken und trocken schleudern.

- Die Garnelen trocken tupfen und in erhitzen Öl kurz braten.

- Die Birnen abspülen, vierteln, schälen, Kerngehäuse entfernen und in Spalten schneiden.

ANRICHTEN

- Den Endiviensalat mit den Schwarzwurzeln, Birnen und Garnelen und dem Chutney auf Salattellern drapieren und servieren.

Sauerampfer-Pesto

Die Wied _____

ZUTATEN

1 Bund	Sauerampfer
200 g	Pinienkerne
300 g	Parmesan
4 EL	Öl
1	Knoblauchzehe
	Salz

ZUBEREITUNG

■ Vom Sauerampfer die dicke Mitte entfernen und die Blätter klein schneiden.

■ Die Pinienkerne ohne Fett rösten und erkalten lassen.

■ Die Knoblauchzehe klein hacken und den Parmesan fein reiben.

■ Pinienkerne, Knoblauch und Parmesan in den Mixer geben und mit dem Öl zu einer cremigen Masse pürieren, abschließend nach Geschmack mit Salz würzen.

ANRICHTEN

■ Sauerampfer-Pesto ist ein feines Amuse Bouche, am besten mit geröstetem Toast oder mit Kräckern gereicht.

Sauerampfer findet als Wildgemüse zunehmende Verwendung. Er wächst auf lehmigen Böden, vornehmlich in Feuchtwiesen der Fluss- und Bachauen. Man kann den Sauerampfer ähnlich wie Spinat zubereiten, beide Blattgemüse auch mischen, damit der Spinat einen etwas würzigeren Geschmack erhält. In der Volksmedizin wird Sauerampfer zur Blutreinigung und Entschlackung (Frühjahrskuren) sowie bei Hautleiden, Reizhusten und Erkrankungen der Mundschleimhaut verwendet. Obwohl Sauerampfer eine große Menge Eisen enthält, sollte bei Eisenmangel eher auf den Genuss verzichtet werden, da die in hohen Konzentrationen enthaltene Oxalsäure die Eisenaufnahme hemmt.

Naturbelassene Feuchtwiesen als idealer Standort für die Sauerampferpflanze findet man im Rheinland vor allem in den Auen der Nebenflüsse des Rheins. Die Wied ist einer dieser Flüsse, der in seinem 102 Kilometer langen Verlauf von der Quelle in Linden bei Hachenburg bis zu seiner Mündung in Neuwied immer wieder von solchen Talauen begleitet wird.

In ihrem Oberlauf durchfließt die Wied den Dreifelder Weiher als größtes Gewässer der Westerwälder Seenplatte. Nach kurzem Lauf erreicht sie die Kreisstadt Altenkirchen mit der so genannten Privilegierten Apotheke aus dem 17. Jahrhundert, der ältesten Apotheke im Westerwald.

Der nächste kulturgeschichtlich interessante Ort an der Wied ist Almersbach mit der spätromanischen, heute evangelischen Pfarrkirche aus dem zweiten Viertel des 13. Jahrhunderts. Die dreischiffige Pfeilerbasilika steht auf einem Bergrücken über der Wied und ist mit mittelalterlichen Fresken ausgemalt. In ihrem weiteren windungsreichen Verlauf passiert die Wied Burglahr. Hier erhebt sich auf einem einst von der Wied umflossenen Inselberg der 25 Meter hohe Bergfried als Rest der Burg

Lahr, einer einst wehrhaften Anlage der Grafen von Isenburg. Im benachbarten Peterslahr steht noch die Petruskirche, deren Turm und Taufkapelle vom Ursprungsbau aus dem Jahr 1326 stammen.

Unterhalb von Peterslahr passiert die Wied die Klosteranlage Ehrenstein. Burg Ehrenstein stammt aus dem frühen 14. Jahrhundert. Die Burgkapelle der Unterburg wurde zur Pfarrkirche erhoben, daneben ein Kloster errichtet. Heute betreiben Franziskanerinnen aus Waldbreitbach die Klostergebäude als Tagungsstätte, deren gotische Gebäudeteile wie der Kreuzgang, der Kapitelsaal und das Kalefaktorium umfassend saniert sind.

Nach weiterem windungsreichen Lauf durch den Westerwald fließt die Wied unterhalb von Waldbreitbach entlang, wo sich am Hang die weiträumige Klosteranlage der Franziskanerinnen der Allerseligsten Jungfrau von den Engeln erhebt. Hinter dem modernen Bildungs- und Tagungshaus, das seinen Gästen einen herrlichen Blick über das Wiedtal bietet, ragt die in neugotischem Stil errichtete Klosterkirche heraus. An der Gemeindegrenze zu Hausen steht die 1694 erbaute Kreuzkapelle am Wiedufer, die Keimzelle für die Gründung der Ordensgemeinschaft in Waldbreitbach.

Im weiteren Verlauf der Wied durch den Westerwald taucht Altwied auf. Über dem alten Ortskern in einer Wiedschleife erhebt sich die Burgruine Altwied, im Jahre 1129 begründet und Ende des 17. Jahrhunderts als Stammsitz der Grafen zu Wied verlassen. Neben dem Haupttor der Wehrmauer sind Teile der Ostmauer mit zwei Türmen erhalten. Im Ortskern steht die spätgotische St.-Antonius-Kapelle, die zeitweise Grablege der Grafen zu Wied war. Ihr Chor weist spätgotische Fresken auf. Im reizvollen Ort stehen noch einige Fachwerkhäuser aus dem 17. und 18. Jahrhundert.

1653 gründeten die Grafen von Wied die Stadt Neuwied am Rhein und errichteten hier eine Befestigungsanlage, um besser am Rheinhandel teilnehmen zu können. 1694 verlegten die Grafen ihre Residenz nach Neuwied, 1706 wurde mit dem Bau der heutigen dreiflügeligen Schlossanlage begonnen. Das zweigeschossige Hauptgebäude trägt ein Mansarddach. Die Hoffront zeigt einen giebelbekrönten Mittelrisalit mit drei Achsen, schlichten fünfachsigen Seitenteilen und Ecklisenen, den Hauptbalkon tragen vier dorische Säulen. Die quer zum Hauptbau isoliert stehenden schlichten Nebentrakte bestehen je aus einem einstöckigen, siebenachsigen Mittelteil, das von zweistöckigen, dreiachsigen Eckpavillons flankiert ist. Alle Teile besitzen Mansarddächer.

Geflügelsalat à la VERPOORTEN

ZUTATEN (für 4 Personen)

400 g	Hähnchenbrust
	Salz
400 g	Spargelabschnitte (frisch od. Dose)
200 g	gekochter Schinken
8 Scheiben	Ananas (frisch od. Dose)
Saft	von 1 Zitrone
150 g	Mayonnaise
150 g	Vollmilch-Joghurt
40 ml	VERPOORTEN ORIGINAL (ca. 4 EL)
1 TL	grüner Pfeffer
1 Prise	Currypulver

ZUBEREITUNG

■ Die Hähnchenbrust in leicht gesalzenem Wasser ca. 30 Minuten gar kochen. Herausnehmen, abkühlen lassen und in ca. 2 cm große Würfel schneiden.

■ Die Spargelabschnitte ebenfalls in gleich große Stücke schneiden; den gekochten Schinken in feine Streifen schneiden. Die Ananasscheiben abtropfen lassen und ebenfalls klein würfeln.

■ Hähnchen, Spargel, Schinken und Ananas in einer Schüssel miteinander vermengen und mit dem Zitronensaft begießen. Für ca. 10 Minuten ziehen lassen.

■ Inzwischen die Mayonnaise, Joghurt und VERPOORTEN ORIGINAL in einer kleinen Schüssel miteinander verrühren und pikant mit Salz, grünem Pfeffer und Currypulver abschmecken.

■ Das Dressing über den Salat geben, 1 Stunde lang bei Zimmertemperatur ziehen lassen und kurz vor dem Servieren nochmals abschmecken.

LECKER
ZUM
KÖLSCH

**Kleine Häppchen für den
Hunger zwischendurch**

Kölsch ist das „heilige" Getränk in der Hauptstadt
des Rheinländers. Dazu braucht man etwas
Kräftigendes zwischendurch…

Kölsch

Kölsch ist das bedeutendste obergärige Bier in Deutschland. Jährlich werden über 2 Millionen Hektoliter gebraut. Die Düsseldorfer schaffen es mit ihrem ebenso obergärigen Altbier nur auf 1,9 Millionen Hektoliter.

Ob ein Bier obergärig oder untergärig gebraut wird, richtet sich nach den Hefen, die für den Brauprozess zum Einsatz kommen. Obergärige Hefe bildet zusammenhängende Kolonien, die nach dem Brauvorgang oben auf dem Sud schwimmen und dort abgeschöpft werden können. Untergärige Hefe setzt sich nach dem Brauen unten auf den Boden des Kessels ab. Kommt obergärige Hefe zum Einsatz, so kann der Brauprozess bei Temperaturen zwischen 15° und 20° Celsius – also bei Zimmertemperatur – ablaufen. Untergärige Hefe benötigt Temperaturen von höchstens 4° bis 9° Celsius. Dies hatte für unsere Vorfahren zur Folge, dass untergäriges Bier nur im Winter gebraut werden konnte, obergäriges dagegen weitgehend das ganze Jahr über.

So hat Kölsch denn auch eine lange obergärige Tradition. Erste schriftliche Hinweise über das Brauereiwesen in Köln verweisen auf das 9. Jahrhundert. Konkreter sind die Unterlagen über das 12. Jahrhundert, wo ein Brauer auch schon namentlich genannt wird. Seit dem Jahr 1250 gibt es das Kölner Brauamt als Standesvertretung der Kölner Brauer. Auch die Kölner Brau-Zunft unterschrieb 1396 den so genannten Verbundbrief, mit dem sich die Gaffeln (Vereinigung der Bürger und Zünfte Kölns) gegen die reichen Patrizier durchsetzten, so eine ständedemokratische Verfassung für Köln schufen und damit die politische Verantwortung für die Stadt übernahmen.

Zu dieser Zeit wurde Bier noch nicht mit Hopfen, sondern noch mit Kräutern gewürzt. Im 15. Jahrhundert begann sich der Hopfen als Bierwürze durchzusetzen, auch weil das Bier dadurch haltbarer wurde. Ende des 15. Jahrhunderts gab es in Köln 64 Braustätten, die das mit Hopfen gewürzte „Keutebier" brauten. Doch der Weg zum heutigen Kölsch war noch lang. Mit der Franzosenzeit war das Ende der Zünfte gekommen – nun galt die Gewerbefreiheit. Dies gab auch dem Kölner Brauereiwesen neuen Aufschwung. Mitte des 19. Jahrhunderts wurde erstmals das "Wiess" als obergäriges, trübes, noch ungefiltertes Bier als Vorgänger vom Kölsch gebraut. Das erste echte „Kölsch" wurde 1906 als helles, obergäriges Bier in der Sünner-Brauerei gebraut, das dann ab 1918 unter dem Namen "Kölsch" in den Handel kam.

Längst hatten Dampfmaschine und Kühlmaschine auch Einzug in die Brauereien gehalten, und damit dem untergärigen Bier ganz neue Produktionschancen eröffnet. Großbrauereien lösten die vormaligen Hausbrauereien ab, Pils und Export waren ihre bevorzugten untergärigen Biersorten. So gab es um die Wende zum 20. Jahrhundert in Köln fünfzehn Großbrauereien und nur noch 60 Hausbrauereien, doch ließ sich in der Stadt das obergärige Bier, das mittlerweile auch seine Trübung verloren hatte, nicht so leicht verdrängen.

Viel größere Einschnitte brachte der Zweite Weltkrieg für das Kölsch. Nach dem Krieg gab es nur noch zwei funktionierende Brauereien in Köln. Doch das änderte sich schnell, der Durst nahm in dem Maße zu, wie sich das Wirtschaftswunder entfaltete. 1960 brauten 24 Kölschbrauereien wieder 500.000 Hektoliter. 1980 bestätigte das Oberlandesgericht Köln ein vorangegangenes Urteil, wonach Kölsch nicht nur den Biertyp, sondern auch das Herkunftsgebiet ausweist. Am 6. März 1986 unterzeichneten die Brauereien eine vom Bundeskartellamt genehmigte „Kölsch-Konvention", nach der diese Bierspezialität als obergäriges helles, hochvergorenes, hopfenbetontes, blankes (klares) Vollbier streng nach dem

deutschen Reinheitsgebot von 1516 nur in Köln und der näheren Umgebung hergestellt und nur in der so genannten Stange ausgeschenkt werden darf. Am 25. November 1997 wurde Kölsch als geschützte regionale Spezialität von der EU eingetragen.

Der Köbes (= Kellner in Kölner Braugaststätten) serviert dem Gast traditionell das Kölsch in 0,2-l-Stangen, wobei er bis zu zwölf Gläser auf einem Kölschkranz herbeibringen kann. Vom Fass gezapft wird das Kölsch vom Zappes. Hat ein Gast sein Glas getrunken, so bekommt er vom Köbes ungefragt ein weiteres Kölsch vorgesetzt und einen weiteren Strich auf seinen Bierdeckel. Dieser Bierdeckel ist auch eine gerichtlich anerkannte Grundlage für die Abrechnung der Zeche.

Die kleinen 0,2-l-Stangen eignen sich für das Kölsch besonders gut, weil es aufgrund seiner Frische nach dem Einschenken schnell verschalt. Deshalb kann man in guten Brauereigaststätten Kölsch auch in Stangen zu 0,1 Liter Inhalt bestellen, die liebevoll „Stößchen" genannt werden. Treffen sich größere Gesellschaften in der Brauereigaststätte, bestellen sie gleich ein Pittermännchen, ein 10-l-Fass, das auf den Tisch gestellt wird und aus dem jeder Tischgast sein Kölsch selbst zapfen kann. Die Namensgebung des Pittermännchens resultiert aus der Kölner Tradition, den Vatertag an Peter und Paul zu begehen. Für die Herrenausflüge an jenem Tag wurde gerne ein Fass Bier mitgenommen…

Inzwischen haben die Bonner ihr „Bönnsch" in Anlehnung an das Kölsch. Bönnsch wird in der Hausbrauerei des Brauhauses Bönnsch im Altstadtkern von Bonn obergärig und stark gehopft gebraut, dabei aber trüb in einem gebogenem Kölsch-Glas mit Griffmulde für die Finger ausgeschenkt.

Halver Hahn

Der Halve Hahn ist die beliebteste Zutat zum Kölsch – keinesfalls ein halbes Hähnchen, sondern ein halbes Röggelchen (rheinisches Röggelchen = doppeltes Roggenbrötchen) mit Käse. Es gibt mehrere Bedeutungen für die Herkunft dieses Begriffs.

Die bekannteste „Legende" zum Halven Hahn bezieht sich auf den Gast eines Kölner Wirtshauses, dem der Wirt ein ganzes Roggenbrötchen mit Käse serviert hatte. Der Gast hatte aber nur ein halbes Brötchen bestellt und herrschte den Wirt an: *Ääver isch wollt doch nur ens ne halve han* (= „aber ich wollte doch nur ein halbes haben"). Der Wirt teilte das Roggenbrötchen. Seither gibt es den Halven Hahn als neues Gericht in der Kölner Küche.

Eine andere Deutung bezieht sich auf Wilhelm Vierkötter, einen Zuwanderer aus Wahlscheid nach Köln. In einem Zeitungsartikel vom 13. Juli 1913 wird auf einen Leserbrief des inzwischen 72jährigen Vierkötters verwiesen, der auf seiner Geburtstagsfeier Ende der 70er Jahre des zurückliegenden Jahrhunderts im damaligen Gasthaus Bank seinen Gästen anstelle der versprochenen Hähnchen *Röggelchen met Kies* servierte. Der Scherz wurde herzlich belacht, Vierkötter hatte Geld gespart und seither wurden allerorten in Kölner Kneipen Käseröggelchen mit der Bezeichnung „Halve Hahn" angeboten.

Eine weitere Deutung besagt, dass es sich beim Halven Hahn um das üblicherweise dick mit Käse belegte Pausenbrot für den Köbes handelt, das er einnimmt, wenn der Inhalt eines Bierfasses nur noch bis zum Hahn geht.

ZUTATEN (für 2 Portionen)

1	Röggelchen
	Butter
2	dicke Scheiben mittelalter Gouda
	scharfer Senf
	Zwiebelringe

ZUBEREITUNG

■ Das Röggelchen aufschneiden und jede Hälfte mit reichlich Butter bestreichen.

■ Jede der beiden Röggelchen-Hälften mit einer Käsescheibe belegen.

■ Den Käse mit Senf bestreichen, Zwiebelringe darüber geben und den Halven Hahn zum Kölsch reichen.

Kölsche Kaviar

ZUTATEN (für 1 Portion)

1	Röggelchen
	Butter
2	dicke Scheiben Flönz
1	mittelgroße Zwiebel
	Mostert (Senf)
1	Gewürzgurke

ZUBEREITUNG

■ Das Röggelchen in zwei Hälften schneiden, mit Butter bestreichen.

■ Die Zwiebel in Ringe schneiden.

■ Die Röggelchen-Hälften mit Flönz belegen, mit Mostert bestreichen und die Zwiebelringe darauf geben.

ANRICHTEN

■ Kölsche Kaviar auf einen Teller geben und mit der Gewürzgurke servieren.

Flönz ist eine Blutwurst, die aus hellem Brät mit kleinen Fleischstücken besteht. Vom sprachlichen Ursprung her ist *Flönz* mit *Blunze* verwandt, womit seit dem 16. Jahrhundert eine ganz einfache Blutwurst ohne oder fast ohne Grieben gemeint ist – das war das Billigste, was ein Metzger anbieten konnte. Daraus hat sich bis zum 19. Jahrhundert eine Bezeichnung für Wurstenden, die Zipfel, abgeleitet. Die Zipfel fielen beim Aufschneiden der Würste ab und waren angesichts der Armut im vorindustriellen Zeitalter oftmals genug das einzig Erschwingliche für die Menschen der damaligen Zeit – in anderen Gesellschaftskreisen wurden diese Zipfel auch an die Hunde verfüttert. Da Blutwürste einen großen Teil der Zipfel bereitstellten, hat sich dann der Begriff *Flönz* auf die einfache Blutwurst schlechthin übertragen.

Im heutigen Sinn gibt es dennoch einen Unterschied zwischen Flönz und Blutwurst – *Flönz weed jekoch unn Blotwoosch jekoch un jeräuschert*. Also: Flönz wird gekocht, Blutwurst gekocht und geräuchert. Doch heute wird im allgemeinen Sprachgebrauch Flönz mit Blutwurst gleichgesetzt.

Reibekuchen

Am Anfang der Geschichte der Kölner Kultband *Bläck Fööss* steht der Reibekuchenwalzer. Sein Refrain lautet:

Mamm, Mamm, schnapp d'r de Pann,
mir wolle Rievkooche hann

Das war im Jahr 1970. Bis dahin spielten die Kölner Musiker unter dem Namen „Stowaways" als Pop- und Beat-Combo, unter anderem auch als Begleitband für Graham Bonney. Insofern trauten sich die Stowaway-Jungs nicht, ein kölsches Lied unter ihrem damaligen Namen herauszubringen. Doch mit diesem Lied trafen sie voll in die Herzen der Kölner, und es wurde ihr erster großer mundartlicher Hit auf den Karnevalssitzungen und -bällen. Um damals ihren „guten" Ruf als Beat-Gruppe nicht zu riskieren, erfanden sie den Namen *De Bläck Fööss* (= Die nackten Füße) als Parallelnamen, weil er sowohl Kölsch als auch Englisch klang. Und ihre weitere Geschichte ist weit über den Kölner Raum hinaus bekannt.

Reibekuchen sind genauso ein Kultessen wie Halver Hahn – sie dürfen in keiner Imbissbude, auf keiner Kirmes und bei keinem Frühschoppen fehlen. Und sie sind als Fastenspeise geeignet…

ZUTATEN (für 12 Reibekuchen)

500 g	Kartoffeln
1	Ei
1 EL	Mehl
1	kleine Zwiebel
	Salz, Muskat
	Öl zum Braten

ZUBEREITUNG

■ Die Kartoffeln schälen, waschen und fein reiben.

■ Die Zwiebel schälen und ebenfalls fein reiben.

■ Die Kartoffeln in einem Küchentuch über einer Schüssel ausdrücken, die sich absetzende Stärke auffangen.

■ Ei, Mehl, Gewürze und Zwiebel mit soviel Stärke vermengen, dass mit den Kartoffeln ein zäher Teig geknetet werden kann.

■ Das Öl in einer Pfanne erhitzen und mit einer Schöpfkelle eine Portion Teig (oder mehrere Portionen, je nach Größe der Pfanne) hinein geben.

■ Den Teig mit dem Rücken der Kelle dünn ausstreichen, so dass er ganz vom Öl überdeckt ist, und knusprig ausbraten.

ANRICHTEN

■ Rievkooche müssen heiß gegessen werden, damit sie noch knusprig sind. Serviert werden sie mit Apfelmus oder Zucker, als rheinische Spezialität gern mit Rüben- bzw. Apfelkraut oder ganz edel mit Lachs und Schmand.

Weihnachtsmarkt auf Burg Lüftelberg

Viele der Wasserburgen an Erft und Swist zeigen sich in der Adventszeit von ihrer besten Seite, wenn die Burgherren ihre Gebäude und Höfe für Weihnachtsmärkte dem Publikum öffnen. Im Meckenheimer Ortsteil Lüftelberg organisiert die freiwillige Feuerwehr einen ganz besonderen Weihnachtsmarkt, der nur von nicht-kommerziellen Ständen örtlicher Vereine, Handwerker und Künstler bestückt wird. Natürlich gibt es zu diesem Anlass auch Reibekuchen, für den die Feuerwehrfrauen eigenhändig die Kartoffeln reiben. Daneben gibt es auch Grünkohl auf Kohlblättern, Grillfleisch, Kaffee und Kuchen im Scheunencafé, Glühwein, und für die Kleinen kommt der Nikolaus in der Kutsche – alles zusammen ein stimmungsvolles Fest für die ganze Familie.

Lüftelberg ist zweifelsohne der reizvollste Ortsteil von Meckenheim. Sehenswert sind die vielen hervorragend restaurierten Fachwerkhäuser, die Wasserburg und die romanische Kirche. Erstanden ist Lüftelberg als fränkische Siedlung auf einer leichten Anhöhe oberhalb der Swistbachaue, die ihren Namen der heiligen Lüfthildis verdankt. Die Legende um diese Heilige spielt zur Zeit Karls des Großen. Ihre Grabstätte in der Pfarrkirche des Ortes war über Jahrhunderte Ziel von Wallfahrten und wird bis heute verehrt. Mit Mysterienspielen, aufgeführt durch eine Lüftelberger Laienspielschar, wird die alte Wallfahrtstradition im Dorf Lüftelberg wieder belebt.

Bevor die Wallfahrt nach Lüftelberg das Leben im 1218 erstmals urkundlich erwähnten Ort bestimmte, hieß er schlicht „Berge". Die Burg auf dem „Berge" war Sitz einer kurkölnischen Unterherrschaft. Im 15. Jahrhundert erfolgte der Ausbau der Anlage zu einem steinernen Herrensitz mit vier runden Ecktürmen. Ihre heutige Gestalt erhielt Burg Lüftelberg ab 1730, als sie unter Einbeziehung von drei der vier alten Türme zum repräsentativen Herrenhaus umgebaut wurde. Dabei schmückte man den Gartensaal zu einem Festsaal mit Gemälden und Stukkaturen aus, mit denen ganz im Sinne barocker Architektur eine Einheit aus Gebäude und Landschaft hergestellt werden sollte. Durch große Fenster wird dieser Bezug zur Gartenarchitektur geschaffen. Die Gemäldedarstellungen in Grisaille-Technik mit Motiven aus Fabeln des griechischen Dichters Äsop stellen dabei der geformten Gartenarchitektur verfremdend die ungestaltete Natur entgegen. Die dem Eingang zur Vorburg gegenüber liegende alte Wassermühle ist inzwischen liebevoll restauriert worden.

Apfelkraut (zu Reibekuchen)

Apfelkraut ist als eingedickter Apfelsaft ein genauso traditionelles rheinisches Produkt wie Rübenkraut. Apfelkraut ist fruchtig süß und wird gern als Brotaufstrich – oder auch zu Reibekuchen gegessen – verwendet. Es ist bei etwa 18° Celsius streichfähig. Bis zur industriellen Herstellung von Zucker seit dem 19. Jahrhundert war der eingedickte Apfelsaft angesichts der horrenden Preise für Kristallzucker ein universelles Süßungsmittel.

ZUBEREITUNG

Apfelstücke in einem Topf mit Wasser wie Kompott gar kochen. Dann ein großes Sieb mit einem Küchentuch auslegen, darunter einen Topf zum Auffangen von Flüssigkeit geben, die Äpfel einfüllen und für 24 Stunden abtropfen lassen. Den Saft auskochen, bis er sich in zwei Stunden auf ein Sechstel reduziert hat. Sobald der Saft andickt, muss man öfter am Topfboden rühren, bis ein dunkler Sirup entstanden ist. Nun kann man das Apfelkraut in saubere Einweckgläser füllen und verschließen.

Himmel und Erde

Himmel un Ääd – rheinischer kann ein Gericht aus Kartoffeln und Äpfeln gar nicht sein. Die Bezeichnung für dieses Gericht stammt übrigens aus der Zeit, als die Kartoffeln noch Erdäpfel hießen. Dieses Gericht vereint die rheinische Frömmigkeit – verkörpert durch die dem Himmel nahen Äpfel am Baum – mit der Bodenständigkeit des Rheinländers – verkörpert durch die Erdäpfel im Boden.

Während „Himmel und Erde" in anderen deutschen Regionen aus Stampfkartoffeln und Apfelmus zubereitet wird, zieht der Rheinländer die leckere Variante aus frischen Kartoffeln und frischen Äpfeln vor, die gewürfelt und gekocht, aber keinesfalls gestampft werden.

Serviert mit Flönz und gebratenen Zwiebeln ist „Himmel und Erde" ein typisches Gericht auf der *Foderkaat* (= Speisekarte) Kölner Brauereigaststätten.

Wenn man echte Flönz als Beilage zu „Himmel und Erde" verwendet, muss diese zum Braten auf jeden Fall in der Pelle verbleiben und sollte etwas stärker mehliert werden. Blutwurst kann man vor dem Anbraten durchaus von der Pelle befreien.

ZUTATEN (für 4 Portionen)

500 g	mehligkochende Kartoffeln
500 g	säuerliche Äpfel
100 ml	Sahne
100 g	Butter
30 g	Zucker
2 EL	Zitronensaft
1	Gemüsezwiebel
1 Ring	Blutwurst
	Mehl
	Salz, Pfeffer, Muskat

ZUBEREITUNG

- Die Kartoffeln waschen, schälen, in Stücke schneiden und in Salzwasser weich kochen.

- Die Sahne mit 20 g Butter aufkochen, mit Salz, Pfeffer und Muskat würzen, die gekochten Kartoffeln zufügen.

- Die Äpfel schälen, vierteln, vom Kerngehäuse befreien, in Stücke schneiden, mit Zitronensaft beträufeln und in wenig Wasser sowie dem Zucker unter häufigem Wenden weich dünsten und unter die Kartoffeln geben.

- Parallel in einer Pfanne 20 g Butter auslassen und darin die in Ringe geschnittene Zwiebel braun braten.

- Die Blutwurst in ca. 1 Zentimeter dicke Scheiben schneiden, leicht mehlieren und in der restlichen Butter von beiden Seiten anbraten, bis die Oberfläche kross ist.

ANRICHTEN

- Zum Servieren die Blutwurstscheiben auf Tellern um die Kartoffel-Apfel-Masse geben und die gebratenen Zwiebelringe darüber verteilen.

Strammer Max

Der Stramme Max, Synonym für die erstarkte Männlichkeit, ist ein typisches Wirtshausessen – wo alle Männer stark sind. Insofern ist es auch auf der *Foderkaat* der Kölner Brauhäuser zu finden. Und so einfach, wie dieses Gericht zubereitet werden kann, so kräftigend ist es auch. Und genau das Richtige, wenn nach ein paar Kölsch der Hunger auf etwas Herzhaftes kommt.

Im Grundsatz ist der Stramme Max ein Gericht aus einer Scheibe Graubrot, auf die Schinken und ein Spiegelei gelegt wird. Doch erst durch Verfeinerung wird dieses Gericht der typischen Hausmannskost zu einer kulinarischen Köstlichkeit – so wie in dem nachfolgenden Rezept.

ZUTATEN (für einen Strammen Max)

1	Scheibe Landbrot
1	Scheibe gekochter Schinken
1	Ei
1	Scheibe junger Gouda
	Butter
	fein gehackte Kräuter
	Beilagen (Sauergemüse)

ZUBEREITUNG

- Den gekochten Schinken in der Butter von beiden Seiten schön knusprig anbrutzeln, aus der Pfanne nehmen und beiseite stellen.

- Das Landbrot von einer Seite in der Pfanne leicht anrösten.

- Nebenbei ein Spiegelei zubereiten.

- Das Brot in der Pfanne auf die nicht geröstete Seite drehen, mit Schinken belegen, die Scheibe Gouda darauf legen und kurz bei geschlossenem Deckel den Käse schmelzen lassen.

- Abschließend das Spiegelei auf die Scheibe Brot geben.

ANRICHTEN

- Ein wahrer „Kochkünstler" zeigt sich darin, einfache Gerichte besonders attraktiv darzubieten. So wird er den Teller mit dem Strammen Max mit Kräutern garnieren, um das Eigelb fein geschnittene Ringe einer Schalotte drapieren und ein paar Cornichons, eingelegte Perlzwiebeln und anderes eingelegtes Gemüse dazu reichen.

Krüstchen

Die rheinische Variante des Strammen Max ist das Krüstchen. Dabei handelt es sich im Prinzip um ein gebratenes Kotelett auf einer Scheibe Roggenbrot mit einem Spiegelei darüber. Für die Kölner ist ein „Krüstchen warm" übrigens eine aufgewärmte Portion Gulasch, zu dem ein Röggelchen serviert wird.

ZUTATEN (für 1 Krüstchen)

1	Halskotelett
2	Eier
1	kleine Zwiebel
	Paprika edelsüß, Salz, Pfeffer
	Paniermehl
	Öl zum Braten
2	Gewürzgurken
1	Salatblatt
1	Scheibe Graubrot

ZUBEREITUNG

- 1 Ei verquirlen.

- Das Schnitzel mit Salz und Pfeffer würzen, in Mehl, Ei und Paniermehl wenden und gut andrücken.

- Das Kotelett in einer Pfanne in heißem Öl goldgelb backen.

- Das 2. Ei zum Spiegelei backen.

- Die Scheibe Brot kross toasten.

- Das Brot mit dem Salatblatt belegen, das Kotelett oben drauf und auf das Kotelett das Spiegelei geben.

ANRICHTEN

- Am besten serviert man das Krüstchen auf einem Holzteller. Dazu schneidet man die Zwiebel in Ringe und bestäubt sie mit Paprika. Die Zwiebelringe werden auf das Weiße vom Ei gelegt, die Gewürzgurke in Fächer geschnitten und dazu gelegt. Als Garnitur eignen sich kleine Petersilienstiele.

Mettbrötchen mit Zwiebeln

ZUTATEN (für 4 Brötchenhälften)

2	Brötchen
200 g	Schweinmett
	Butter
1	Zwiebel
	Salz, Pfeffer

ZUBEREITUNG

- Die Brötchen in Hälften schneiden.

- Die Hälften mit Butter bestreichen.

- Das Mett auf die Hälften geben.

- Die Zwiebel in Ringe schneiden und die Brötchenhälften damit belegen.

ANMERKUNG

- In der Regel ist das beim Metzger gekaufte Mett bereits gewürzt. Je nach Geschmack kann man mit Salz und Pfeffer nachwürzen.

- Dazu noch ein Kölsch…

BLUTWURST MIT ZWIEBELN

…genauso schnell und einfach zubereitet wie Mettbrötchen. Man schneidet von einem Blutwurstring dicke Scheiben ab, drapiert sie auf einen Holzteller und reicht Zwiebelringe dazu. Als Garnitur eignen sich Gewürzgurken oder Sauergemüse.

Tatar

Dem Reitervolk der Tataren (früher: Tartaren) wird nachgesagt, dass sie rohe Fleischstücke vor dem Verzehr unter ihren Sätteln mürbe ritten, um es genießbar zu machen. Und das Fleisch soll dabei die Farbe von Rindergehacktem angenommen haben – so jedenfalls hat es Jules Verne in seinem Roman „Der Kurier des Zaren" beschrieben.

Lebensmittelrechtlich gesehen ist Tatar hochwertiges Schabefleisch vom Rind. Verwendet werden sehnenarme und fettarme Teilstücke, am besten Roastbeef oder Filet. Das Fleisch wird für Tatar feiner zerkleinert als normales Rinderhack. Vor allem aber muss Tatar frisch verzehrt werden.

ZUTATEN (pro Person)

200 g	fein geschabtes Rindfleisch (frisch vom Metzger)
1	Eigelb
2 TL	gehackte Kapern
1	klein gehacktes Sardellenfilet
2	klein gewürfelte Schalotten
1	Gewürzgurke
2 TL	gehackte Petersilie
	Paprika, Salz, Pfeffer

ZUBEREITUNG

- Das Schabefleisch würzen, zu einem flachen Ballen formen und auf einen Teller geben.

- In den Ballen eine Vertiefung drücken.

- In die Vertiefung das rohe Eigelb geben.

- Kapern, Sardellenfilet, Schalotten, Gewürzgurke und Petersilie auf das Eigelb geben.

ANMERKUNG

- Es ist wichtig, dass die Zutaten zum Tatar auch wirklich ganz fein geschnitten worden sind.

- Die Zutaten werden erst zum Verzehr auf dem Teller miteinander vermischt.

- Zum Tatar reicht man Graubrot oder Röggelchen und Mixed Pickles, je nach Geschmack auch Tabasco oder Worcestersauce.

Der Kreativität bei der Tatar-Zubereitung sind keine Grenzen gesetzt. Nur das Grundprinzip bleibt gleich: klein gehackte rohe Zutaten werden wie Rinder-Tatar kreisförmig auf dem Teller angerichtet. So gibt es im Libanon ein Lamm-Tatar mit Bulgur und Pinienkernen. Auch verschiedene Fischarten können in Form eines Tatars angerichtet werden, neben Lachs und Dorade eignet sich auch beispielsweise Matjes (siehe Fischrezepte) dafür. Gleichermaßen kann man Obst und Gemüse einer entsprechenden kreativen Zubereitung unterziehen – beispielsweise als Beilage oder raffiniertes Dessert.

Buchweizenpfannkuchen

In Erinnerung an alte Zeiten sind Buchweizenpfannkuchen wieder „in". Normalerweise wird der Teig für Buchweizenpfannkuchen mit lauwarmem Wasser angerührt – die Rheinländer nehmen kalten Kaffee.

ZUTATEN (für 4 Pfannkuchen)

250 g	Buchweizenmehl
5	Eier
1/4 l	kalter Kaffee
1 TL	Salz
100 g	Speck
500 g	Zwiebeln
	Butter/Öl

ZUBEREITUNG

- Das Buchweizenmehl mit den Eiern und Kaffee vermischen und salzen.

- Den Teig mindestens 2 Stunden quellen lassen, besser über Nacht.

- Den Speck klein würfeln und knusprig ausbacken.

- Die Zwiebeln in Ringe schneiden, im Speckfett braten und abtropfen lassen.

- Die Speckwürfel in den Teig geben.

- Den Teig in Portionen in der Pfanne in einem Butter-Ölgemisch zu Pfannkuchen ausbacken und mit den Zwiebelringen belegt servieren.

Buchweizen ist eine alte Kulturpflanze, die bereits im alten China angebaut wurde und über die Türkei nach Europa gelangt ist – deshalb nannte Theodor Storm den Buchweizen auch „Türkischen Weizen". Dabei ist Buchweizen (*Fagopyrum esculentum*) ein Knöterichgewächs, eher mit Sauerampfer oder Rhabarber verwandt als mit Weizen oder Roggen. Doch wird Buchweizen wegen seiner getreideähnlichen Nutzung zu den so genannten Pseudogetreiden (unechte Getreidearten) gerechnet. Und so verdankt er auch dieser Eigenschaft seinen Namen – und wegen seiner dreikantigen Früchte, die große Ähnlichkeit mit Bucheckern haben.

Als im Mittelalter die Bevölkerung zunahm und große Waldflächen zur Ackernutzung gerodet wurden, kam Buchweizen gerade recht aus dem Orient, denn wegen der Anspruchslosigkeit dieser Pflanze konnte sie auch auf Grenzertragsböden angebaut werden, wo Roggen, Hafer oder Dinkel kaum noch Ernten einbrachten. So entwickelte sich Buchweizen zum Getreide der armen Leute. Im Rheinland konnte sich der Buchweizen vor allem in der Eifel und am Niederrhein durchsetzen. Ab dem 18. Jahrhundert ging die Bedeutung des Buchweizens zurück, weil die inzwischen aus Südamerika eingeführten Kartoffeln wesentlich höhere Erträge lieferten.

Nachdem Buchweizen fast völlig vom Markt verschwunden war, hat man sich vor allem auch in Rückbesinnung auf tradierte regionale Produkte wieder mehr für Buchweizen interessiert. Auch aufgrund geänderter Ernährungsgewohnheiten wird Buchweizen wieder vermehrt nachgefragt und hat als so genannte Nischenkultur den Weg auf die Äcker zurückgefunden. Interessant ist Buchweizen wegen des fehlenden Glutens (Klebereiweiß), aufgrunddessen ist er zum Brotbacken allerdings ungeeignet.

Speckpfannkuchen

Ein ganz traditionelles Rezept. Für die Pfannkuchen kann man durchwachsenen Speck oder auch Bacon nehmen. Der Teig wird besonders locker, wenn man etwas kohlensäurehaltiges Mineralwasser und steif geschlagenes Eiweiß unterhebt.

ZUTATEN (für 3 Pfannkuchen)

150 g	Mehl
	Salz
¼ l	Milch
3	Eier
1	Zwiebel
	Butter/Öl
1 EL	Mineralwasser
150 g	durchwachsenen Speck

ZUBEREITUNG

■ Das Mehl in eine Rührschüssel geben, mit etwas Salz würzen und mit einem Schneebesen Milch unter das Mehl rühren, bis ein glatter Teig entsteht.

■ Die Eier in zwei Schüsseln trennen, das Eigelb unter den Pfannkuchenteig rühren und das Eiweiß aufbewahren.

■ Die Zwiebel pellen und in feine Würfel schneiden.

■ In einer beschichteten Pfanne etwas vom Butter/Öl-Gemisch erhitzen und die Zwiebeln darin glasig dünsten.

■ Die Zwiebeln leicht abkühlen lassen, unter den Pfannkuchenteig rühren und den Teig ca. 20 Minuten ausquellen lassen.

■ Das Mineralwasser zum Teig zufügen und leicht unterrühren, das Eiweiß steif schlagen und mit dem Schneebesen locker unter den Pfannkuchenteig heben, damit der Teig nicht wieder zusammenfällt.

■ Den Speck in kleine Würfel schneiden.

■ Nacheinander drei Speckpfannkuchen backen. Dafür in einer beschichteten Pfanne jeweils etwas Butter/Öl-Gemisch erhitzen und einen Teil vom Speck darin kurz anbraten. Eine Kelle Teig über den Bacon gießen und den Speckpfannkuchen auf mittlerer Temperatur stocken lassen. Sobald der Teig fest wird, den Pfannkuchen auf einen flachen Teller gleiten lassen und umgedreht wieder in die Pfanne zurückgeben. Die Pfannkuchen in ca. 3 Minuten goldgelb backen und warm stellen.

Kölle Alaaf!

Köln war zweifelsohne schon zur Römerzeit die faszinierendste Stadt am Rhein und konnte sich seine wirtschaftliche wie auch politische Vormachtstellung im Rheinland bis in das hohe Mittelalter hinein erhalten. Die erzbischöfliche Macht war groß, die Kölner Kirchenführer oft auch Kanzler und Berater der Könige und Kaiser des Römischen Reiches Deutscher Nation. Dieser kulturgeschichtliche Hintergrund macht die eigentliche Bedeutung Kölns aus, die sich die Stadt bis heute erhalten konnte. Dabei weiß die Oberschicht durchaus ihren Status zu wahren, hat aber ein viel offeneres Verhältnis zu den anderen Bevölkerungskreisen als es andernorts üblich ist. Dies drückt sich im Karneval aus, den alle gemeinsam feiern, dies drückt sich in der Vorliebe zu einfachen aber gleichermaßen schmackhaften Speisen aus, dies wird täglich an den Theken der Kölner Gastwirtschaften praktiziert, wo man sich mit dem geliebten Kölsch gegenseitig zuprostet.

Der römische Ursprung der Stadt Köln lässt sich in vielerlei Hinsicht noch nachvollziehen. Reste der bis 70 n.Chr. fertig gestellten Stadtmauer sind erhalten, so der so genannte **Römertum** Ecke Zeughausstraße/St. Apernstrasse. Wunderschön ist das **Dionysos-Mosaik**, das einst den Fußboden einer Kölner Römervilla zierte. **Praetorium** und **Regia**, der Statthalterpalast, an dessen Stelle in der vierten Bauphase der Kaiserpalast errichtet wurde, sind unter dem heutigen Rathaus lokalisiert und zugänglich gemacht worden. Reste der **Römischen Wasserleitung**, die Köln aus der Eifel mit Frischwasser versorgte, sind an der Berrenrather Straße aufgebaut.

Prägnantestes Bauwerk des mittelalterlichen Kölns ist zweifelsohne der weltbekannte **Dom St. Peter und Maria** an der Nordostecke der Römerstadt. Ausgrabungen unter dem Dom legten römische Baureste, ein fränkisches Oratorium, den ersten 870 geweihten romanischen Dom und den romanischen Erneuerungsbau aus

dem 10. Jahrhundert frei, der sukzessive dem Baufortschritt des 1248 begonnenen gotischen Doms weichen musste. 1322 wurde der Chor geweiht, ein Meisterwerk gotischer Kirchenbaukunst. Das Querschiff und die Westfassade wurden bis 1353, der Südturm (mit dem Jahrhunderte darauf stehenden Baukran) bis 1400 und noch Teile des Langhauses bis 1500 fertig gestellt. Der Baustopp erfolgte 1560, die Fertigstellung des Doms 1842-80 in gotisierender Form. Von der wertvollen Innenausstattung des Doms sind die Glasfenster im Chor, das Chorgestühl, der Hochaltar, die Schatzkammer und vor allem der Dreikönigenschrein nach einem Entwurf von Nikolaus von Verdun 1220-30 durch Kölner Goldschmiede gefertigt.

Neben dem Dom ist Köln auch für seine romanischen Kirchen berühmt. Die ehemalige Stiftskirche **St. Andreas** ist eine spätromanische Pfeilerbasilika. **St. Aposteln** (1021-36) war gleichermaßen Stiftskirche, eine dreischiffig gewölbte Pfeilerbasilika mit Dreikonchenanlage, Querschiff und Turmchor über der Krypta im Westen. Auch die **Cäcilienkirche** (12. Jahrhundert) war Stiftskirche, in ihr ist heute das Schnütgenmuseum untergebracht. Die ehemalige Stiftskirche **St. Georg** (Gründungsbau 1059-67) steht auf einem römischen Tempelfundament, auf dem eine merowingische dreischiffige Kirche errichtet worden war. Die ehemalige Stiftskirche **St. Gereon** wurde unter Nutzung eines römischen Zentralbaus als Dekagon mit frühstaufischem Ostchor im 11. Jahrhundert errichtet. **St. Kunibert**, ebenfalls ehemalige Stiftskirche, wurde zu Beginn des 13. Jahrhunderts als spätstaufische Gewölbebasilika errichtet. **St. Maria im Kapitol** wurde als ehemalige Damenstiftskirche mit einem Dreikonchenchor und einem Westbau aus quadratischem Mittelbau und zwei dahinter zurücktretenden Flankentürmen zwischen 1015-60 errichtet. Ihre Krypta ist außergewöhnlich groß. Berühmt sind ihre geschnitzten Türflügel aus der Zeit um 1050. Die Pfarrkirche **St. Maria Lyskirchen**, eine am Rheinufer in dem alten Kölner Schiffervorort Noithausen gelegene dreischiffige Emporenbasilika ist möglicherweise die Eigenkirche eines Grundherrn namens Lisolph. **Groß St. Martin**, eine ehemalige Benediktiner-Klosterkirche, entstand als dreischiffige Gewölbebasilika im 12./13. Jahrhundert mit gestufter Westfassade und östlichem Kleeblattchor. Vier Rundtürme flankieren den mächtigen Vierungsturm, der bis zur Errichtung der beiden Türme des Doms das Wahrzeichen von Köln war. Die ehemalige **Minoritenkirche** aus dem Jahr 1260 wurde nach Kriegszerstörung wieder aufgebaut, der Kreuzgang in den Gebäudekomplex des Wallraf-Richartz-Museums integriert. Die einstige Benediktiner-Abteikirche **St. Pantaleon** steht auf einer Anhöhe im Südosten der Altstadt im ummauerten vormaligen Klosterbezirk. Das Bauwerk, das im Kern im 10. Jahrhundert ganz maßgeblich durch Stiftungen von Erzbischof Bruno und von Theophanu, der Witwe Kaiser Ottos II., die beide in St. Pantaleon beigesetzt worden sind, entstand, ist eine dreischiffige Basilika mit polygonaler Chorapsis, Halbkreisapsiden an den Querschiffen und dreitürmigem Westwerk. Den Innenraum prägt der 1503 gestiftete steinerne Lettner, der heute die barocke Choranlage abschließt. Die ehemalige Stiftskirche **St. Ursula**, die Kirche der „Heiligen Jungfrauen", war im Ursprung eine römische dreischiffige Basilika mit Märtyrergräbern. Hier ist der Ursprung der in Köln so populären Sage von den 11.000 Jungfrauen zu suchen, an deren Spitze die heilige Ursula stand. Der Legende nach sollen diese Jungfrauen vor den Toren der Stadt von Hunnen erschlagen worden sein. Der heutige Bau ist eine dreischiffige romanische Emporenbasilika, die später einen gotischen Langchor und ein gotisches Südschiff erhielt. Der Mittelturm des Westbaus trägt eine Barockhaube. In ihrer „Goldenen Kammer" sind Büsten und Reliquien

untergebracht, die ornamental zusammengeführt sind – bei den Büsten handelt es sich überwiegend um so genannte Ursulabüsten, meist aus dem 17. Jahrhundert.

Neben diesem reichen Schatz romanischer Kirchen und neben dem Dom gibt es eine Vielzahl nachromanischer Kirchen von Bedeutung in Köln – dies gilt im Übrigen bis in die Neuzeit hinein. Die ehemalige **Antoniterkirche**, schon nach der Säkularisation der evangelischen Kirche übergeben, ist eine 1384 geweihte kleine eingewölbte dreischiffige Basilika. Im Nordchor ist ein zweiter Bronzeabguss des Todesengels von Ernst Barlach aufgehängt. Die Jesuitenkirche **St. Mariae Himmelfahrt**, mit deren Bau im ersten Jahr des Dreißigjährigen Krieges begonnen wurde, ist der bedeutendste Bau dieses Ordens in Nordwestdeutschland. Zur Ausstattung gehört die dreistöckige Kanzel des Augsburger Bildhauers Jeremias Geisselbrunn. Das ehemalige Jesuitenkolleg, ein um zwei Höfe gruppierter Barockbau, dient heute als Erzbischöfliches Generalvikariat. **St. Kolumba** („Madonna in den Trümmern") geht im Ursprung auf eine Pfarrkirche des Bischofs Kunibert (623-63) zurück – der spätere Bau des 12. Jahrhunderts wurde in der Spätgotik zu einer fünfschiffigen Anlage umgestaltet. In die Ruine der im Krieg fast völlig zerstörten Kirche setzte der Architekt Gottfried Böhm 1947-50 eine zweiachsige Kapelle und einen achtseitigen Eckbau aus Betonrippen, deren Fenster Ludwig Gies gestaltete und die der Aufbewahrungsort einer fast unversehrt gebliebenen Madonnenstatue wurde. Später erweitere man den Bau um eine Sakramentskapelle. Seit 2007 sind die beiden Kapellen in den Neubau des Erzbischöflichen Diözesanmuseums integriert. **St. Peter** ist die Pfarrkirche des ehemaligen benachbarten Cäcilienstiftes. Die Gewölbe des spätgotischen Baus aus den Jahren 1515-30, der einen Vorgängerbau aus dem 12. Jahrhundert ersetzte, wurden nach Kriegszerstörung durch eine flache Decke ersetzt. Wertvollstes Stück der Innenausstattung ist ein halbrundes Altarblatt mit dem Motiv der Kreuzigung Petri, das von Peter Paul Rubens gemalt wurde. Die ehemalige Stiftskirche **St. Severin** ist ein spätgotischer Bau aus der Zeit um 1500 mit einem 1400 vorgesetzten Westturm und einem Langchor aus dem 11. Jahrhundert, der in spätstaufischer Zeit um eine von Türmen flankierte Apsis erweitert wurde.

Vorbildlich restauriert sind in der **Altstadt** die historischen Häuserzeilen am Alter Markt, Heumarkt und im Martinsviertel, heute ein beliebtes Szene-Viertel. Unter den profanen Einzelbauten ragt vor allem das spätromanische Overstolzenhaus aus dem 2. Viertel des 13. Jahrhunderts heraus. Am Alter Markt steht das gotische **Rathaus** mit dem wieder errichteten 61 Meter hohen Turm, der nach dem Sieg der Zünfte über die Patrizier aus deren eingezogenem Vermögen 1407-14 gebaut wurde. Der Hansasaal des Rathauses blieb dagegen mit seinem Figurenschmuck weitgehend erhalten. Der 1441-47 als Kauf- und Festhaus errichtete **Gürzenich** wird heute noch für Konzerte und Veranstaltungen, vor allem für die Kölner Karnevalsveranstaltungen, genutzt. Der Bau ist durch Treppe und Foyer mit der Ruine der St. Albankirche verbunden, die als Gedächtnisstätte so konserviert wurde, wie der Krieg sie hinterlassen hat. Im alten **Zeughaus** aus der Wende zum 17. Jahrhundert ist heute das Kölnische Stadtmuseum untergebracht.

Die dritte Kölner Stadtbefestigung vom Anfang des 13. Jahrhunderts wurde 1881 weitgehend abgetragen, wobei man die erhalten gebliebenen Torburgen erheblich überarbeitete. Die Severinstorburg besteht aus einem Unterbau mit runder Tordurchfahrt mit einem viergeschossigen Turm, der mit Zinnen abschließt. Die Ulrepforte ist ein kleines Stadttor, außenseitig flankiert von zwei Türmchen. Mächtig ist das Hahnentor am Rudolfplatz aus Säulenbasalt und Tuff. Ein großes Stück Stadtmauer steht noch am Hansaring. Von der rheinseitigen

Befestigung kann man noch Reste der beiden Eckbastionen vorfinden, so den so genannten Weckschnapp bei St. Kunibert und den Bayenturm im Süden.

Wer die Schätze Kölns kennen lernen will, muss auch seine **Museen** besuchen. Allen voran ist das ehrwürdige Wallraf-Richartz-Museum zu nennen. Hier wird Kunst vom Mittelalter bis zum 19. Jahrhundert mit einem großen Schwerpunkt bei den Meistern der Kölner Schule des Spätmittelalters gezeigt. Das Museum Ludwig im gleichen Gebäudekomplex konzentriert sich auf den Überblick über die Kunst des 20. Jahrhunderts. Dann gibt es noch das Römisch-Germanische Museum mit Exponaten zur Römerzeit am Rhein, das Schnütgen-Museum mit einer bedeutenden Sammlung zur mittelalterlichen Kunst und Kulturgeschichte, das Erzbischöfliche Diözesanmuseum für sakrale Kunst in dem Neubau des Schweizer Stararchitekten Peter Zumthor auf dem Gelände von St. Kolumba, das Kölnische Stadtmuseum unter anderem mit einem Modell der mittelalterlichen Stadt, das Museum für Ostasiatische Kunst, das Rautenstrauch-Joest-Museum für Völkerkunde und nicht zuletzt das Karnevalsmuseum.

Und so liebenswürdig das Altstadtviertel um St. Martin ist und so ganz die Kölsche Seele ausströmt, so modern ist das neue Stadtviertel am **Rheinauhafen**. Hier entstand als größtes Kölner Städtebauprojekt in unmittelbarer Lage am Rhein und in der Nähe zur Innenstadt ein attraktives neues Viertel auf 210.000 Quadratmetern Fläche – eine Mischung aus Wohnen und Arbeiten, Kunst und Kultur. Das fast zwei Kilometer lange neue Hafenviertel erstreckt sich vom KAP-Forum am Südkai bis zum Schokoladenmuseum und integriert die alten Hafenbauten in moderne Architekturbauten, von denen die so genannten Kranhäuser die Signalwirkung für das Viertel zeigen. Um nicht mit dem historischen Baubestand zu konkurrieren, sind die neuen Wohn- und Bürogebäude von moderner, aber zurückhaltender Architektur – bis auf eben diese Kranhäuser. Diese drei rund 60 Meter hohen Bauten bilden mit ihren vorkragenden Obergeschossen in Form von Hebekränen, deren rechtwinklig über die wasserseitige Gebäudeflucht hervortretende Arme genau bis an den Rhein heranreichen, ein neues Wahrzeichen für ganz Köln!

DEFTIG
Kartoffel- und Eintopfgerichte

Vielfältig sind die Eintopf-Variationen, die der Rheinländer aus Kartoffeln und Gemüse kreiert – vor allem
herzhaft muss es sein!

Stampes

In Köln wird Kartoffelbrei als *Stampes* bezeichnet. Dieses Rezept zeigt, dass man Kartoffelbrei auch lecker verfeinern kann.

ZUTATEN (für 4 Personen)

1 kg	Kartoffeln
500 g	Sauerkraut
4 EL	Butter
250 ml	Weißwein
250 ml	Milch
250 g	Zwiebeln
400 g	Speckscheiben
	Salz, Pfeffer

ZUBEREITUNG

- Die Kartoffeln schälen, waschen und in Salzwasser kochen.

- Das Sauerkraut in der Butter andünsten, den Wein dazugeben und alles etwa 30 Minuten kochen.

- Die Kartoffeln abgießen, zerstampfen, mit der heißen Milch zu einem Püree verrühren und mit Salz und Pfeffer abschmecken.

- Kartoffeln und Sauerkraut untereinander mischen.

- Den Ofen auf 200 Grad vorheizen.

- Die Zwiebeln schälen und würfeln und mit den Speckscheiben goldgelb braten.

- Eine Auflaufform mit der Hälfte der Speckscheiben auslegen, die Zwiebeln darauf verteilen, den Stampes darauf geben und mit den restlichen Speckscheiben bedecken.

- Den Stampes zugedeckt etwa 20 Minuten im Ofen backen, dann die Oberfläche ohne Deckel mit Oberhitze bräunen lassen.

ANMERKUNG

- Kartoffelpüree niemals mit dem Mixer bearbeiten, es wird sonst kleistrig.

Kartoffel-Endiviensalat

ZUTATEN (für 4 Portionen)

1 kg	festkochende Kartoffeln
1	Kopf Endiviensalat
200 g	durchwachsener Speck
	etwas Öl
1/8 l	Fleischbrühe

für die Marinade

1	Zwiebel
4 EL	Öl
3 EL	Essig
	Salz, Pfeffer
1 Prise	Zucker

ZUBEREITUNG

- Die Kartoffeln mit Schale in Salzwasser kochen.

- Den Endiviensalat putzen, waschen, abtropfen lassen und in feine Streifen schneiden.

- Den Speck in kleine Würfel schneiden, in Öl kräftig anbraten, in der Fleischbrühe weich kochen, die Brühe abgießen und die Speckwürfel beiseite stellen.

- Die Marinade aus der fein gehackten Zwiebel, Öl, Essig, Salz, Pfeffer, Zucker und der Brühe bereiten, evtl. mit dem Schneebesen sämig schlagen.

- Die noch warmen Kartoffeln pellen, in Scheiben schneiden und kurz vor dem Servieren mit den Endivienstreifen und dem Speck vermischen.

- Bockwurst, Bratwurst, Fleischkäse oder in Scheiben geschnittene Flönz passen gut dazu.

- Alternativ werden beim *Endiviengemangs* die Salatstreifen unter Kartoffelbrei gemischt – dazu verwendet man mehligkochende Kartoffeln, die man mit Milch und/oder Sahne, Salz, Pfeffer und Muskat zu einem Brei stampft.

Die Endivie zählt zu den Zichoriengewächsen. Ihre Heimat erstreckt sich vom Mittelmeerraum über Vorderasien bis Indien. Angebaut wird sie heute hauptsächlich in den USA und in Westeuropa, so vor allem auch im Rheinland. Die Endivie wird heute in vielen Variationen angeboten. Für ihren Geschmack typisch ist eine zichorientypische, leicht bittere Note. Sie besitzen neben Kohlenhydraten und etwas Eiweiß einen verhältnismäßig hohen Anteil an Kalium, Phosphor, Calcium, Natrium und Eisen sowie an Vitaminen. Im milchigen Saft der Endivienblätter ist der Bitterstoff Intybin mit appetitanregender und verdauungsfördernder Wirkung enthalten, wodurch Endivien vor allem als Vorspeisensalate interessant sind. Grundsätzlich unterscheidet man die glatte Endivie (so genannte Winterendivie) von der krausen Endivie (Frisée). Die glatte Endivie bildet eine große, platte Rosette aus breiten, am Rande ungleichmäßig gezahnten, derben Blättern mit breiten und dicken Rippen. Diese eigentlich wintertypische Salatart wird inzwischen auch im Sommer angeboten. Die krause Endivie ist durch mehr oder weniger krause, stark geschlitzte Blätter gekennzeichnet. Ihre klassischen Anbaugebiete liegen in Südeuropa. Weil Frisée inzwischen bei uns so beliebt ist, etwa als pikant angemachter Salat mit Croûtons und gebratenem Speck oder als attraktives Deko-Material, lohnen sich längst Unterglaskulturen im kühleren Norden.

Wasserburgen an Erft und Swist

Die Zülpicher Börde umfasst den südöstlichen Zipfel der Niederrheinischen Bucht am Nordrand der Eifel. Vielfach wird sie auch als Teil der Kölner Bucht beschrieben und grenzt sich von dieser aber durch den Höhenzug der Ville ab. Die Börde wird wegen ihres sehr fruchtbaren Lössbodens und ihrem günstigen Klima hauptsächlich zum Ackerbau genutzt. Hauptkulturen sind neben dem Weizen- und Zuckerrübenanbau der großflächige Kartoffel-, Kohl- und Salatanbau. In diesem Zusammenhang spielt hier auch die Endivie eine immer größere Rolle. Die Nähe zu den Ballungsräumen von Köln und Bonn macht gerade den Absatz dieser Sonderkulturen besonders attraktiv, werden die Produkte doch zunehmend auch durch Hofläden angeboten.

Die Zülpicher Börde ist altes Kulturgebiet. Bereits in der Steinzeit vor fast 7.000 Jahren begannen die Menschen, hier Flächen für den Anbau von Emmer, Dinkel und Einkorn zu roden. Vor 4.000 Jahren setzten die Kelten diese Arbeiten fort, wurden aber von den über den Rhein vorstoßenden Germanen nach Westen abgedrängt. Als die Römer das linksrheinische Gebiet besetzten, breitete sich Wohlstand in der Region aus. Nicht nur die römischen Truppen mussten versorgt werden, auch der zivile Bedarf an Nahrungsmitteln und Getränken stieg nachhaltig an. Aus diesem Grund entstanden in der Börde römische Niederlassungen und Bauernhöfe (*Villae rusticae*), Straßen wurden zur weiteren Erschließung des Gebiets gebaut. Nach dem Niedergang des Römischen Reichs setzten die Franken die Herrschaft über das Bördegebiet fort. Hier regierten die Jülicher Grafen als Lehensmänner der Kölner Erzbischöfe. Die Grafen verselbstständigten sich immer mehr, wurden zu Herzögen ernannt und konnten den größeren, westlichen Teil der Börde ihrem nunmehr eigenständigen Herzogtum einverleiben. Der östliche Teil der Börde im Einzugsbereich von Erft und Swist verblieb im Herrschaftsbereich der Erzbischöfe. An Erft und Swist bauten sich im Laufe der Zeit die Vögte und Ministerialen der Erzbischöfe ihre mittelalterlichen Wasserburgen großenteils zu repräsentativen Barockschlössern aus.

Wasserburgen an der Erft

Unterhalb von Euskirchen erhebt sich **Burg Kessenich** aus der Erftaue. Die im Jahr 1339 erstmals erwähnte Burg wurde durch Otto von Kessenich dem damaligen Markgrafen von Jülich zum Lehen aufgetragen. Die Anlage besteht aus dem Herrenhaus mit schlichten Wirtschaftsgebäuden, einem umgebenden Burggraben mit Wasserlauf und historischem Zufahrtsweg. Im Zuge der Renovierung erhielt das Herrenhaus seinen ursprünglich kräftig ziegelroten Anstrich zurück.

Die Herren von Kleeburg waren Ministeriale der Kölner Erzbischöfe, die sich im 14. Jahrhundert bei Weidesheim am Erftmühlenbach, einem Seitenbach der Erft, eine Burg auf der Basis einer bereits vorhandenen Motte errichteten. Die heutige **Kleeburg** besteht nach vielen Besitzerwechseln aus einem sehr kleinen Herrenhaus und einer dreiteiligen Vorburg. Das Portal des Herrenhauses trägt die Jahreszahl 1747 – es stammt in den wesentlichen Grundzügen auch aus dieser Zeit. Die Vorburg ist noch spätmittelalterlich. Teile der östlichen Bruchsteinmauer und der Südflügel mit 2 Rundtürmen an den jeweiligen Enden datieren aus der Zeit von 1591-1601. Diese Jahreszahlen sind in zwei Schießscharten in den Türmen und am Westgiebel eingemeißelt. Das Geviert der Vorburg erhielt Ende des 19. Jahrhunderts seine heutige Gestalt mit der in Bruchsteinbauweise errichteten Scheune und den Ställen des Westflügels aus Feldbrandsteinen. Heute hat sich in der Burganlage das Outlet-Center eines Textilausstatters eingerichtet.

Ebenfalls am Erftmühlenbach erhebt sich die **Große Burg von Kleinbüllesheim**. Sie geht auf einen fränkischen Edelherrenhof aus dem 9. Jahrhundert zurück, den Kaiser Lothar II. einem seiner Vasallen aus dem Geschlecht der Pfalzgrafen schenkte. Ihre erste urkundliche

Erwähnung nennt im 14. Jahrhundert Daniel von Irnich als Besitzer. Die Landesherrschaft übte seit 1337 der Markgraf von Jülich aus, ab 1369 Kurköln. Heute stellt sich die Große Burg als eine zweiteilige Anlage, umgeben von einem parkähnlichen Garten, dar, bestehend aus einem barocken Herrenhaus, erbaut von Johann Conrad Schlaun, einem Torhaus und einer hufeisenförmigen Vorburg – insgesamt eines der bedeutendsten profanen Bauwerke der Region.

Unterhalb von Kessenich folgt Bodenheim als nächster Ort an der Erft. Hier steht die zweiteilige **Wasserburg Bodenheim**, deren Gräben allerdings trockengefallen sind. Das verwinkelte Herrenhaus steht auf einer Anhebung, möglicherweise auf dem Hügel einer ehemaligen Motte. Ihr ältester Teil ist der Westflügel mit Eckturm und Treppenturm im Hof. Der Zwischentrakt mit Treppengiebel und der Osttrakt mit dem jüngeren Mansarddach wurden im 16. Jahrhundert ergänzt. Das seitliche Torhaus stammt vom Ende des 16. Jahrhunderts. Übrigens ist Burg Bodenheim der einzige erhaltene Adelssitz in der ehemaligen brabantischen Herrschaft Lommersum. 1625 kam die Burg durch Heirat an den kurkölnischen Amtmann Daniel von Hersel.

Burg Kühlseggen, nördlich von Weilerswist schon im Einzugsbereich der Swistmündung in die Erft gelegen, wurde 1312 erstmals mit ihrem Besitzer *Gobelin von Cudilsheggin*, einem Kölner Ministerialen, erwähnt. Bis weit in das 19. Jahrhundert standen die Gebäude der Burganlage nach vielen Besitzerwechseln auf zwei Inseln mit Herrenhaus und Vorburg, verfielen aber zunehmend. Bis 1964 blieb die Burg unbewohnt, danach stellte der heutige Besitzer Robin Freiherr von Eltz-Rübenach die Burg auf der Basis der alten Wasserburg des Mittelalters wieder her. Im Wohnhaus sind die Reste eines gotischen Burghauses noch zu erkennen. Durch diese letzte Res-taurierung bietet die Burg heute mit dem schon im 19. Jahrhundert erneuerten äußeren Wirtschaftshof das Bild eines kleinen barocken Herrensitzes.

Wasserburgen an der Swist

Während die Swist in ihrem Mündungsbereich außerhalb von Weilerswist verläuft, durchquert sie den oberhalb liegenden Ort Metternich genau mittig. Am unteren Ortsrand erhebt sich die **Burg Metternich**, ein ehemaliges Lehen der Kölner Kurfürsten. Die Burg geht in ihren Anfängen auf das 13. Jahrhundert zurück. Das

Geschlecht derer von Metternich wurde erstmals 1316 erwähnt, ihre Burg im Wege einer Erbteilung erstmals 1348. 1692 verkaufte der Freiherr von Metternich seine Burg, Heute ist sie im Besitz der Familie Spies von Büllesheim und wird auch von dieser bewohnt. Von der ehemals zweiteiligen Anlage steht das rechtwinkelige Herrenhaus, ein verputzter Backsteinbau, der im Kern auf das 14. Jahrhundert zurückgeht. Der quadratische Turm im Gebäudewinkel wurde im 15. Jahrhundert angefügt, die Gebäudefronten erhielten im 16. Jahrhundert Schweifgiebel. Als die vorgelagerte Vorburg im 19. Jahrhundert zu verfallen drohte, wurde sie durch den heutigen Wirtschaftshof ersetzt, in den das alte, früher frei stehende Burgtor integriert ist.

Als nächster Ort oberhalb an der Swist verfügt Heimerzheim gleich über zwei Wasserburgen. Nördlich des Ortes steht die **Burg Kriegshoven**, von der Landstraße durch eine lange, stark gelittene Kastanienallee zu erreichen. Durch den Torbau der Vorburg gelangt man zur eigentlichen Wasserburg, die im 13. Jahrhundert von den Herren von Kriegshoven für das Erzbistum Köln errichtet wurde. 1332 erhielt sie Engelbert von Kirspenich zum Lehen. Danach wechselte die Burg oft ihre Besitzer. 1868 erwarb der Oberregierungsrat Emil von Wülfing die Anlage, dessen Familie sie noch heute bewohnt. Er erweiterte den zweigeschossigen Winkelbau aus dem 16. Jahrhundert zu einer dreiflügeligen Anlage und ergänzte ihn um einen zweiten Treppenturm und eine Loggia zwischen den Türmen.

Unmittelbar am Ortsrand steht die eigentliche **Wasserburg Heimerzheim**, deren großflächige Gräben unmittelbar von der Swist gespeist werden. Die zweiteilige Anlage besteht aus einem zweigeschossigen, dreiflügeligen Herrenhaus aus verputztem Backstein und einer dreiflügeligen Vorburg mit niedrigen Ecktürmen und Torbau. Die Herren von Heimerzheim als Erbauer der Burg wurden im 13. Jahrhundert erstmals erwähnt. 1324-60 war die Burg Sitz einer Kommende des Deutschen Ritterordens. 1360 erfolgte dann die Bestätigung des bestehenden Offenhausrechts für den Erzbischof von Köln. Im 15./16. Jahrhundert erfolgte der Neubau der Anlage, wobei sie durch Umbauten zwischen 1687-1701 ihr heutiges Erscheinungsbild erhielt. Die Rekonstruktion der Brücke zwischen Vor- und Hauptburg erfolgte 1984. Seit 1825 sind die Freiherren von Boeselager im Besitz der Burg.

Etwas abseits der Swistaue werden die Teiche des ehemaligen Prämonstratenserstiftes Schillingskapellen durch den in Heimerzheim in die Swist mündenden Buschbach gespeist. Im Zuge der Säkularisation wurde das Kloster aufgelöst, verblieben ist **Gut Capellen**, heute ebenfalls von einem Mitglied der Familie von Boeselager bewohnt. Gegründet hatte Ritter Wilhelm II. von Schilling-Bornheim das Kloster für ein hier gefundenes Mariengnadenbild. Diese Rosa-Mystica-Figur aus dem 12. Jahrhundert steht seit 1806 in der Pfarrkirche von Buschhoven und ist bis heute Ziel von Wallfahrten. Von den vorbildlich restaurierten Resten der Klosteranlage, die heute Wohnzwecken dient, sind vor allem noch der West- und Ostflügel des von 1190-2000 aus Tuff und Gesteinsblöcken der römischen Wasserleitung erbauten Stiftskomplexes erhalten. Am Ostflügel sind noch die Ansätze des Kreuzgangs erkennbar. Der Turm am Westflügel war Wasserdurchlass, sein Obergeschoss mit zwiebelbekröntem Schweifdach wurde im 17. Jahrhundert aufgesetzt.

In **Morenhoven** liegt die gleichnamige Burg unmittelbar an der Swist. Die im 12. Jahrhundert erbaute Burg wird 1325 als kurkölnisches Lehen bezeugt. Die Herren von Morenhoven waren zu dieser Zeit ein einflussreiches Adeligengeschlecht mit weitreichenden Beziehungen über das Erzbistum hinaus. Im Dreißigjährigen Krieg wurde die Burganlage zerstört und danach barock neu errichtet. So stellt sich Burg Morenhoven heute als eine der typischen rheinischen Wasserburgen dar, bestehend aus getrennter Haupt- und Vorburg, die beide von Wassergräben umgeben waren. Während das Herrenhaus noch immer wasserumwehrt ist, sind Teile des Grabensystems im Bereich der Vorburg zugeschüttet. Der Zutritt zur Burg erfolgt durch einen spätgotischen Torturm. Die barocke Gartenanlage wurde im 18. Jahrhundert angelegt.

Kartoffelsalat

Kartoffelsalat ist in ganz Deutschland und zu vielen Gelegenheiten beliebt – insofern darf er auch im Rheinland nicht fehlen. Um den Kartoffelsalat leichter zu gestalten, kann anstelle der sauren Sahne auch Joghurt verwendet werden.

ZUTATEN (für 4 Portionen)

1 kg	Kartoffeln
1	Glas Mayonnaise
1	Becher saure Sahne
2	Schalotten
1	saure Gurke
1 EL	Essig
1 EL	Senf
	Salz, Pfeffer

ZUBEREITUNG

- Die Kartoffeln in der Schale kochen, über Nacht stehen lassen, pellen und in Scheiben schneiden.

- Die Schalotten pellen und in feine Würfel schneiden. Die Gurke ebenfalls in kleine Würfel schneiden.

- Essig, Senf, Salz und Pfeffer miteinander verrühren.

- Die Marinade über die Kartoffelscheiben geben, Mayonnaise und saure Sahne zu gleichen Teilen zugeben und alles vorsichtig miteinander vermengen.

ANRICHTEN

- Je nach Konsistenz des Kartoffelsalats kann man noch etwas Gurkenwasser zugeben.

- Den Kartoffelsalat mit Schnittlauchröllchen oder Petersilie garniert servieren. Dazu passt wie beim Kartoffel-Endiviensalat Bockwurst, Bratwurst, Fleischkäse oder in Scheiben geschnittene Flönz.

Knüles

Knüles ist ein Kesselkuchen, der ansonsten als Döppekooche bekannt ist. Es handelt sich um ein rheinisches Traditionsgericht, das wie so viele Speisen der Region einst ein „Arme-Leute-Essen" war, bei dem mit dem Hauptbestandteil Kartoffeln vor allem Resteverwertung im Vordergrund stand. Auf jeden Fall kam Speck hinein – und sei es auch nur die Schwarte gewesen, alternativ auch Wurstenden oder die billige Blutwurst. Die vielfältigsten Bezeichnungen, die dieses Gericht am Rhein hat, zeigt, wie häufig es auf den Tisch kam: Dibbeldotz in Lahnstein, Debbekooche in Koblenz, Dibbelabbes in der Eifel, Knüles in Linz und in Bad Godesberg auf der gegenüber liegenden Rheinseite. Als Josef Ratzinger 1959-63 Theologieprofessor in Bonn (heute Papst Benedikt XVI.) war und in der Godesberger Wurzerstraße wohnte, soll er ein großer Verehrer des Knüles gewesen sein.

ZUTATEN (für mehr als 4 Portionen)

3 kg	mehligkochende Kartoffeln
3	Eier
1,5 TL	Salz, Pfeffer
250 ml	Milch
1	Brötchen
3	Zwiebeln
1 MSp	Muskat
1 TL	Gemüsebrühe
400 g	Dörrfleisch
6	Mettenden
2 EL	Mehl
1 EL	Olivenöl

ZUBEREITUNG

- Die rohen Kartoffeln und die Zwiebeln reiben.

- Das Dörrfleisch und die Mettwürste in Würfel schneiden.

- Die Milch aufkochen lassen, das zerkleinerte Brötchen hinein geben und alles mit den restlichen Zutaten zu einem Teig vermischen.

- Den Teig in einen eingefetteten Bräter füllen und 2 Stunden auf der mittleren Schiene bei 175° Celsius (Ober- und Unterhitze, Umluft 160°, 1,5 Std.) in den Backofen geben.

- Wenn sich nach 40 Minuten eine Kruste zu bilden beginnt, das Olivenöl auf die Oberfläche des Knüles geben.

- Kurz vor Ende der Backzeit die Temperatur etwas hochstellen, damit die Oberfläche richtig knusprig wird.

ANRICHTEN

- Zum Döppekoche wird traditionell frisch zubereitetes Apfelmus gereicht.

Linz am Rhein

Linz lag auf rechtsrheinischem Gebiet am Südende des ehemaligen kurkölnischen Herrschaftsgebietes genau gegenüber der Ahrmündung. Erste Erwähnung fand der Ort im Jahre 847 unter dem damaligen Namen *Linchesce*. 1198 geriet Linz in die Auseinandersetzungen zwischen Philipp von Schwaben und Otto IV. um die Vorherrschaft im Deutschen Reich und wurde zerstört. Seit Mitte des 13. Jahrhunderts unterhielten hier die Kurkölner eine Zwingburg gegenüber den Linzer Bürgern, die gleichzeitig als Zollburg am Rhein diente. Die gut erhaltene und bestens renovierte Bausubstanz der Stadt mit ihren vielen Fachwerkhäusern vermachte ihr auch den Beinamen „Bunte Stadt am Rhein". 1320 wurde Linz zur Stadt erhoben und erhielt seine Stadtbefestigung. Bis zum Einmarsch napoleonischer Truppen

verblieb Linz bei Kurköln und wurde danach preußisch. Im 19. Jahrhundert wurden leider Teile der Stadtbefestigung zur Platzerweiterung abgerissen. Nach den schweren Zerstörungen im Zweiten Weltkrieg und dem nachfolgendem Wiederaufbau erfolgte die Neugestaltung des Stadtgebietes in den 80-er und 90-er Jahren des vorigen Jahrhunderts.

Ein Stadtrundgang durch Linz beginnt am Marktplatz, der auch Kastenholzplatz nach dem gleichnamigen, durch die Schweden im Dreißigjährigen Krieg hingerichteten Bürgermeister genannt wird. Der Platz mit der Mariensäule aus dem Jahr 1878 wird von schönen alten Fachwerkhäusern gesäumt, Haus Nr. 25 stammt sogar noch aus dem 15. Jahrhundert, Haus Nr. 16/17 mit zwei Giebeln von 1617. Die Südfront des Marktplatzes wird

vom stattlichen Rathaus aus dem späten 15. Jahrhundert eingenommen. Das Mansarddach erhielt der Bau 1707. Vom Marktplatz führt die Kirchgasse über die aus dem vorigen Jahrhundert stammende Marienkirche mit dem bedeutenden Marienaltar aus dem Jahr 1463 zur Pfarrkirche St. Martin. Der Kirchenbau entstand zwischen 1206 und 1214 an der Stelle einer fränkischen Vorgängerkirche am höchstgelegenen Platz in der Stadt. Die Emporenbasilika mit Westturm erhielt im Chor Lanzettfenster und ein Hängerippengewölbe. Im 16. Jahrhundert wurde das Mittelschiff eingewölbt. Im 16. Jahrhundert erhielt der Turm seine Pyramidenspitze und die Seitenschiffe wurden mit neuem Maßwerk und quer gestellten Satteldächern versehen. Während der Bau von außen schon frühgotischen Eindruck vermittelt, domi-

nieren im Inneren spätromanische Formen. Die Fresken im Mittelschiff stammen aus der Zeit um 1230.

Das Neutor ganz im Osten des Altstadtkerns erstand Ende des 14. Jahrhunderts nach einem gewaltigen Stadtbrand. Im Torbogen findet man die Bronzeplastik des Linzer Klapperjungen – die Figur symbolisiert den Linzer Brauch, das Kirchengeläut an den Kartagen durch Klappern zu ersetzen. Durch die von schönen Fachwerkhäusern gesäumte Neustraße geht es zurück in den Altstadtkern zum Buttermarkt. In der parallelen Klosterstraße steht übrigens noch die Servitessenkirche, 1692 durch Servitinnen als Saalkirche gebaut. Später wurde der Bau neugotisch erweitert und dient heute als Stadtarchiv. Der Brunnen auf dem von Fachwerkhäusern gesäumten Buttermarkt erinnert an die Marktfrauen, die

hier bis in die 30-er Jahre des vorigen Jahrhunderts ihre Waren anboten.

Als Weg vom Buttermarkt zum Burgplatz bieten sich sowohl die Hundelsgasse/Mühlengasse als auch die Mittestraße/Rheinstraße an. In beiden Straßenzügen findet man wiederum viele gepflegte alte Fachwerkhäuser, so auch besonders farbenfroh am Burgplatz. Haus Nr. 12 ist noch spätgotisch und verfügt über einen Hochwasserausstieg im ersten Stock! Daneben steht ein Haus aus dem 17. Jahrhundert mit dem damals so typischen Doppelgiebel. Auf dem Burgplatz steht der Brunnen des „Linzer Strünzers", der die gerne zu Übertreibungen neigenden Linzer Rheinländer symbolisieren soll. Auf der Nordseite des Burgplatzes erhebt sich die ehemalige Kurfürstliche Burg als Teil der städtischen Befestigungsanlagen. Baubeginn der vierflügeligen Burganlage war 1365. Aus dieser Ursprungszeit stammen noch die Fundamente und der runde Turm, die Umbauten der letzten Jahrhunderte geben dem Komplex sein heutiges Gepräge. In der Burg ist eine Glashütte untergebracht, die an die römische Glasbläsertradition anknüpft, sowie eine Ausstellung mit Folterkammer, in der die Instrumente zu sehen sind, mit denen man im Mittelalter Zölle bei säumigen Zahlern eintrieb, und natürlich eine zünftige Burggastronomie. Neben der Burg steht das Rheintor, an dem beeindruckende Hochwassermarken abzulesen sind.

Vom Rheintor gelangt man über die Gestade, flankiert von herrschaftlichen Stadtbauten, zum Pulverturm. Dieser Turm bildet den südwestlichen Eckturm der früheren Linzer Stadtbefestigung. Weitere Stadthöfe sind der aus dem Jahr 1747 stammende Geroltshof mit Tordurchfahrt in der Seilerbahn, gegenüber das Haus der Herren von Rolshausen gleichfalls aus dem 18. Jahrhundert, Haus Sion in der Strohgasse, seit dem 13. Jahrhundert im Besitz der Herren von Sayn, sowie der Isenburgerhof aus dem Jahr 1727 mit Barocktreppe am Seitenflügel.

Pillekooche

Pillekooche sind eine andere Art von Reibekuchen, bei der die Kartoffeln grob geraspelt (und Pille genannt) werden. Sie sind im Rheinischen bis ins Bergische bekannt.

ZUTATEN (für 12 Pfannkuchen)

1,5 kg	Kartoffeln
250g	Speck
2	Eier
2	Zwiebeln
3 EL	Mehl
	Salz, Pfeffer, Muskat
	Mineralwasser
	Pflanzenöl

ZUBEREITUNG

- Die geschälten Kartoffeln und die Zwiebeln in eine Schüssel reiben.

- Den Speck in Scheiben schneiden und goldbraun anbraten.

- Den Speck zu den Kartoffeln geben und vermengen.

- Die Eier verquirlen, mit dem Mehl zu den Kartoffeln geben, den Kartoffelteig gut mischen und mit Salz, Pfeffer und Muskat würzen.

- Evtl. etwas Mineralwasser hinzufügen, bis der Teig geschmeidig, aber noch nicht flüssig ist.

- Das Öl erhitzen und aus dem Kartoffelteig kleine Reibekuchen braten.

ANRICHTEN

- Pillekooche werden mit frischem Apfelmus serviert.

Pellkartoffeln mit Kräuterquark

„Quallmänner met Klatschkies" sagen die Kölner liebe-voll zu ihren Pellkartoffeln mit Kräuterquark. Dazu eine Boulette – leckerer kann es nicht sein…

ZUTATEN (für 4 Personen)

4	große mehligkochende Kartoffeln
500 g	Quark
0,2 l	Milch
1	kleine Zwiebel
1	Knoblauchzehe
	reichlich Petersilie und Schnittlauch
	Salz, Pfeffer, Dill

ZUBEREITUNG

- Die Kartoffeln in Salzwasser mit etwas Kümmel gar kochen.

- Die kleine Zwiebel und die Knoblauchzehe schälen und sehr fein hacken.

- Die Kräuter waschen und klein schneiden.

- Den Quark, die Milch, Zwiebel, Knoblauch und die Kräuter zusammenmischen, mit Salz und Pfeffer abschmecken.

ANRICHTEN

- Die Kartoffeln in der Schale belassen, oben leicht aufbrechen und den Quark auf die Kartoffeln geben.

Kartoffeleintopf

Die Rheinländer feiern gern, und das nicht nur zu Karneval. Früher war die Dorfkirmes das große Ereignis. Heute reihen sich das Feuerwehrfest, das Bürgerfest, das Vereinsfest, das Stadtteilfest nur so aneinander. Und auf keinem dieser Feste darf neben Reibekuchen ein deftiger Eintopf fehlen. Solche Eintöpfe können leicht zubereitet werden, es gibt aber auch recht aufwändige Rezepte. Der folgende Kartoffeleintopf ist schnell zubereitet.

ZUTATEN (für 4 Portionen)

1,5 kg	mehlig kochende Kartoffeln
1,5 l	Gemüsebrühe
1 Bund	Suppengemüse
	Salz, Pfeffer
4	Knackwürstchen
	Kräuter zur Garnitur

ZUBEREITUNG

- Die Kartoffeln schälen, in mundgerechte Würfel schneiden und in einen Topf mit der Brühe geben.

- Das Suppengemüse ebenfalls in Stücke schneiden und in den Topf geben.

- Den Topfinhalt so lange kochen lassen, bis die Kartoffeln richtig mehlig sind und die Gesamtkonsistenz schön sämig ist.

- Kurz zuvor die in Scheiben geschnittenen Würstchen auch noch in den Topf geben.

ANRICHTEN

- Evtl. die Suppe mit Salz und Pfeffer nachwürzen. Die Suppe auf vier Teller geben und mit Kräutern garniert servieren. Dazu passen Toastbrot oder geröstete Baguettescheiben.

Erbseneintopf

Die sämige, inhaltsreiche Erbsensuppe ist des Rheinländers liebster Eintopf. Und je größer die Menge „Ähzesupp" im Topf ist, desto besser schmeckt sie. Deshalb ist bei Karnevals- und Straßenfesten die Gulaschkanone so beliebt!

ZUTATEN (für 4-6 Portionen)

4	kleine Zwiebeln
60 g	Butter
250 g	durchwachsener Speck
1 Bund	Suppengrün
1 Packung	geschälte, getrocknete Erbsen (500 g)
1 l	Rinderbrühe
1 Strauß	Bohnenkraut
	Salz, Pfeffer, Majoran
1-2 EL	Weinessig
4-6	Wiener Würstchen

ZUBEREITUNG

- Die Zwiebeln in kleine Würfel schneiden und in einem Topf mit der Butter glasig dünsten.

- Den Speck würfeln, hinzufügen und mit anbraten.

- Das Suppengrün in mundgerechte Stücke schneiden und ebenfalls hinzufügen.

- Die Kartoffeln schälen, in kleine Würfel schneiden, zusammen mit den Erbsen, der Rinderbrühe sowie den Kräutern in den Topf geben.

- Den Topfinhalt aufkochen, dann bei niedriger Hitze etwa 10 Minuten köcheln lassen.

- Die Würstchen in schmale Scheiben schneiden und in die Suppe geben.

- Zum Schluss den Erbseneintopf mit Salz und den anderen Gewürzen verfeinern und mit einem Schuss Weinessig abschmecken.

Bohneneintopf

ZUTATEN (für 4 Portionen)

500 g	durchwachsener Speck
3 EL	Obstessig
2	Wacholderbeeren
3	Pimentkörner
1	Lorbeerblatt
750 g	mehlige Kartoffeln
500 g	Stangenbohnen
1 Stängel	Bohnenkraut
	Salz, Pfeffer

ZUBEREITUNG

■ Den Speck ohne Schwarte in Wasser aufsetzen, Essig, Wacholderbeeren, Pimentkörner und das Lorbeerblatt hinzufügen und 20 Minuten köcheln lassen.

■ Die Kartoffeln schälen und in Stücke schneiden.

■ Die Bohnen waschen, evtl. von den Fasern befreien und in schmale, schräge Streifen schneiden.

■ Die Gewürze aus dem Specksud entfernen, die Kartoffelstücke dazu geben und alles zusammen 15 Minuten kochen lassen. Dann die geschnibbelten Bohnen und das Bund Bohnenkraut hinzufügen und weitere 15 Minuten garen.

■ Abschließend die Schnibbelbohnen mit Salz und Pfeffer abschmecken.

ANMERKUNG

■ Als Einlage in diesen Eintopf eignen sich Mettwürste, Wiener Würstchen, Fleischwurst, aber auch zum Beispiel gewürfeltes Lammfleisch.

AUS DEM VORGEBIRGE

Gemüsegerichte

Spargel, Radieschen, Kürbis, Salate und Gurken –
viel feines Gemüse will verarbeitet werden.

Das Vorgebirge ist als Teil der Ville der Gemüsegarten des Rheinlandes. Die Ville begrenzt als 50 Kilometer langer und bis sieben Kilometer breiter Höhenrücken die Köln-Bonner-Bucht. Sie erstreckt sich von der Eifel bis in den Raum Grevenbroich, wo sie in die Niederrheinische Tiefebene übergeht. Im Westen fällt sie flach zur Zülpicher Börde hin ab. Das Vorgebirge bildet den Ostabhang der Ville von Bonn bis vor die Tore Kölns. Sind der Westabhang und der Nordabhang der Ville nur wenig geneigt, so ist das Gefälle des Vorgebirges zur Rheinebene sehr viel stärker.

Die geografische Besonderheit des Vorgebirges besteht darin, dass es an der den üblichen Westwinden abgewandten Seite der Ville liegt. Während der Eiszeit, die durch ein trockenes, vegetationsarmes Klima gekennzeichnet war, wurde feinkörniges Staubmaterial über weite Strecken transportiert, wobei die Fallwinde am Ostabhang der Ville Löss ablagerten, wohingegen Sand deutlich weiter transportiert wurde und beispielsweise in der Rheinebene verweht wurde. Diese Lössabdeckung ist ausgesprochen fruchtbar, so dass sich das Vorgebirge für intensiven Gartenbau eignet. Bereits die Römer betrieben hier Weinbau, und bis zum Ende des 19. Jahrhunderts wurde hier noch hauptsächlich Spätburgunder kultiviert. Seit dem Mittelalter schon versorgen die Bauern aus dem Vorgebirge die nahen Städte Köln und Bonn mit Obst und Gemüse. Für die Kölner Erzbischöfe stellte die Ville die Vorberge auf dem immer gebräuchlicher und ist seit Mitte des 15 Jahrhunderts sogar urkundlich durch eine Kölner Marktordnung belegt, die den Verkauf von Obst und Früchten *us dem Vurberge* regelte.

Das Vorgebirge ist gleichermaßen eine alte Kulturlandschaft, befand man sich doch im Herzen des Römischen Reiches Deutscher Nation und unmittelbar vor den Toren Kölns, der damals größten Stadt des Reichs. So gibt es in den Orten des Vorgebirges viele historische Bauten, die an diese Zeit des Kölner Kurfürstentums erinnern. Doch gibt es auch schon Hinterlassenschaften aus römischer Zeit. In diesem Zusammenhang ist die Eifelwasserleitung zu erwähnen, die seit Ende des 1. Jahrhunderts Köln mit frischem Wasser versorgte. Aus der Eifel austretend, querte sie die Swistbachaue bei Meckenheim, tritt bei Buschhoven in den Kottenforst ein und oberhalb von Brenig aus dem Vorgebirge aus. Von hier aus verläuft die Leitung oberhalb von Waldorf, dann durch Hemmerich und Rösberg. Ab Walberberg quert sie einen Taleinschnitt in einem großen Bogen, führt weiter über Brühl-Heide nach Fischenich und dann über Hermülheim nach Köln.

Alfter wurde urkundlich das erste Mal im Jahre 1067 durch eine Weinbergsbezeichnung *Alwetra* erwähnt. Die Burg des Ortes kam Mitte des 15. Jahrhunderts in den Besitz der Grafen Salm-Reifferscheidt. 1721 bauten sie die Burg zu einer unregelmäßig geschlossenen barocken Rechteckanlage aus. Das gelb verputzte Herrenhaus war lange Zeit Sitz der Alanus-Hochschule.

Südlich von Alfter steht in der Ortschaft Gielsdorf die Pfarrkirche St. Jakobus, einst die Burgkapelle der Ortsherren. Im Inneren birgt sie bemerkenswerte spätmittelalterliche Fresken. In drei Zyklen werden Szenen aus dem Leben Christi, aus dem Leben des Pfarrpatrons Jakobus und aus dem Leben der Nebenpatronin Margarete dargestellt.

Dass das Vorgebirge Herrenland ist, wird durch die Burgen und Schlösser in Bornheim besonders deutlich. Bornheim ist heute eine Gesamtgemeinde mit mehreren Ortsteilen. Die Burg in Bornheim, erstmals 1147 erwähnt, wurde 1728-34 durch Jakob von Waldbott-Sassenheim in eine barocke Dreiflügelanlage umgewandelt. Neben dem zweigeschossigen Haupthaus mit Mittelrisalit und Mansarddach sind noch zwei Flügel der Vorburg erhalten. In Bornheim-Roisdorf steht die Wolfsburg, ein Backstein-Herrenhaus aus dem Jahr 1626. Bornheim-Sechtem verfügt sogar über zwei Burgen. Die Graue Burg wurde 1770 dreigeschossig mit Mittelrisalit errichtet. Die Weiße Burg ist ein klassizistisches Herrenhaus, von der Vorgängerburg steht noch der Eingangstrakt des Wirtschaftshofs. Die Rheindorfer Burg in Bornheim-Walberberg war im 12. Jahrhundert Sitz der Herren von Richedorrp. Ihre Wasserburg veräußerten sie 1683 an die Dominikaner, die hier bis 2008 ein Kloster mit einer großen Bildungseinrichtung unterhielten. Heute ist die Anlage im Besitz einer Hotelgesellschaft. Auch Walberberg hat eine zweite Burg. Diese Kitzburg ist in einem streng geometrisch angelegten Park gelegen. Das Herrenhaus auf mittelalterlichen Fundamenten erhielt im 18. und 19. Jahrhundert seine heutige Gestalt. In Rösberg steht einer der schmucken rheinischen Herrensitze. Hier errichtete der kurfürstliche Obristen-Jägermeister Gaudenz von und zu Weichs 1727-31 durch den Hofbaumeister Johann Conrad Schlaun ein *Maison de Plaisance*, dass seit 1990 nach beispielhafter Renovierung durch Verkauf in Eigentumswohnungen umgewandelt ist.

Doch ist das bedeutendste Bauwerk von Bornheim die Pfarrkirche St. Walburga in Walberberg. An ihrer Stelle stand bereits im 8. Jahrhundert eine dem Heiligen Jadokus geweihte Kapelle. Nachdem die Reliquien der heiligen Walburga nach Walberberg verbracht worden waren, fand ein entsprechender Patronatswechsel statt.

Ein Zisterzienserinnenkloster wurde im 13. Jahrhundert zur Betreuung der Pilger angelegt, die Walburgis-Kirche dem Kloster inkorporiert. Heute stellt sich die nach der Säkularisation zur Pfarrkirche erhobene Walburga-Kirche nach Umbauten, Einstürzen und Zerstörungen als dreischiffige Pfeilerbasilika mit quadratischen Torhaus und halbrund geschlossener Apsis dar. Von der ursprünglichen Klosteranlage bestehen nur noch die Mauern, für deren Errichtung auch Baumaterial aus der römischen Wasserleitung verwendet wurde.

Das Vorgebirge erstreckt sich über Bornheim hinaus auf das Gemeindegebiet von Hürth. Auch hier haben (oder hatten) die einzelnen Ortteile ihre eigenen Burgen und Herrenhäuser. Die Burganlage von Fischenich entstand im 12. Jahrhundert als ovaler Rundbau mit vier Türmen, auch hier teils aus Material der römischen Wasserleitung. Die Burg wurde 1584 im Truchsessischen Krieg zerstört und ist seither mitten im Ort als Ruine verblieben. Sie gilt als die älteste der Wehranlagen im Vorgebirge und

zeugt von der damaligen hohen mittelalterlichen Baukunst. Burg Kendenich besteht als Wasserburg aus einer Vorburg und einem Herrenhaus. Erste Hinweise auf die Anlage stammen aus dem 9. Jahrhundert, die heutigen Gebäude aus dem 17. bis 19. Jahrhundert. Die Burg ist heute im Besitz der Stadt Hürth und ließ Wohnungen darin einrichten. Nicht zuletzt sei noch Burg Gleuel erwähnt. Ihre Ursprünge reichen bis in das 9. Jahrhundert zurück. Mit Unterbrechungen gehörte die Anlage dem Kölner Domkapitel, so dass sie in der Franzosenzeit in private Hände überging – und auch heute noch ist. In der ersten Hälfte des 17. Jahrhunderts entstand aus der ehemals vierflügeligen Anlage ein zweiflügeliges, zweigeschossiges Herrenhaus in weiß geschlemmter Ziegelbauweise im Stil des rheinischen Winkelbaus. Herrenhaus und Nebengebäude bilden einen hufeisenförmigen Hof. Der Park von Burg Gleuel ist frei zugänglich, seine Burgbesitzer haben in der Vorburg ein kleines Oldtimer-Museum eingerichtet.

Stielmus-Eintopf

Als Stielmus (oder Rübstiel oder Stängelmus) bezeichnet man die als Gemüse oder Salat zubereiteten Blätter von Speiserüben. Diese gehören zur Familie der Kreuzblütler. Während bei den Rüben überwiegend die Wurzeln der Pflanzen verzehrt werden, so werden beim Stielmus ausschließlich die Blätter verwendet. Stielmus ist vor allem zwischen den Niederlanden und dem Rheinland ein weit verbreitetes Gemüse und ist dort als typisches Frühjahrsgemüse auf den Märkten anzutreffen. Eine rheinische Spezialität ist gekochtes Stielmus, serviert mit in Butter geschwenkten Kartoffeln und Frikadellen.

Um Stielmus zu gewinnen, werden Rübensamen ganz dicht ausgesät. Sobald die Blätter nach der Aussaat eine Länge von 10-25 Zentimetern erreichen (noch bevor sich die Wurzeln bzw. Rüben entwickeln konnten), werden sie abgeschnitten und gebündelt. Vor der Zubereitung sollten die Stielmus-Blätter gründlich unter fließendem Wasser gereinigt werden. Stielmus ist höchstens 2-3 Tage im Kühlschrank haltbar und sollte rasch konsumiert werden.

Stielmus besitzt einen fein-säuerlichen Geschmack. Als Salat lässt es sich, fein geschnitten, wie Endivie oder Chicorée genießen. Als Gemüse kann Stielmus wie Spinat oder Mangold zubereitet werden, eignet sich aber auch als Bestandteil von Gemüse- oder Eintopfgerichten.

ZUTATEN (für 4 Personen)

1 kg	Stielmus
1 kg	mehligkochende Kartoffeln
100 g	Speck
2	Zwiebeln
1/2 l	Brühe
	Pfeffer, Salz

ZUBEREITUNG

- Speck und Zwiebeln würfeln, zusammen in einem Topf auslassen, mit der Brühe ablöschen und mit Pfeffer und Salz abschmecken.

- Stielmus in 4 Zentimeter breite Streifen schneiden und in der Brühe langsam garen.

- Die Kartoffeln schälen, würfeln und 20 – 30 Minuten mit garen.

- Danach Kartoffeln mit dem Stielmus leicht durchstampfen.

ANRICHTEN

- Stielmus-Kartoffelpurree wird traditionell zu Frikadellen gereicht, aber auch zu gekochtem durchwachsenem Speck und/oder Mettwürsten.

Dicke Bohnen mit Speck

ZUTATEN (für 4 Personen)

1 kg	Dicke Bohnen
500 g	geräucherter Speck
1/2 l	Wasser, 1/2 l Milch
1/4 l	Fleischbrühe
20 g	Butter
50 g	Mehl
1/4 l	Sahne
	fein gehackte Petersilie,
	abgezupftes Bohnenkraut
	Salz, Zucker, Pfeffer

ANMERKUNG

■ Nicht jedermann mag die Hülsen der Dicken Bohnen – für den echten Rheinländer gehören sie aber dazu. Kleine, junge Bohnenkerne braucht man sowieso nicht enthülsen. Die Hülsen großer Bohnen kann man auf zweierlei Weise entfernen. Man macht entweder einen kleinen Einschnitt am Hilum (oder Samennabel, dem kleinen Höcker, mit dem die Samen an der Schote sitzen), und drückt die Bohne zwischen Daumen und Zeigefinger, bis der Kern aus der Haut herausrutscht, oder man gart die Bohnen vorab 4 Minuten in Salzwasser, schreckt sie ab und kann sie dann häuten.

■ 1 Kilogramm Dicke Bohnen in der Hülse ergeben etwa 300 Gramm Bohnenkerne.

ZUBEREITUNG

■ Die Dicken Bohnen aushülsen, mit 400 g Speck, Wasser und Milch ca. 1 Stunde im offenen Topf kochen, dabei abschäumen.

■ Nach der halben Garzeit eine kräftige Prise Salz zufügen.

■ Nach der Garzeit die Flüssigkeit abgießen und den Speck warm stellen.

■ Parallel den restlichen Speck würfeln und ausbraten.

■ Die Butter darin erhitzen und das Mehl anschwitzen, mit der Fleischbrühe ablöschen, mit Salz, einer guten Prise Zucker und Pfeffer durchkochen und zuletzt Petersilie und Bohnenkraut zugeben und die Sahne darunter rühren.

■ Die Bohnen abschließend noch kurz in der Sauce ziehen lassen.

ANRICHTEN

■ Den warm gestellten Speck in vier Scheiben schneiden, auf Teller mit den Dicken Bohnen geben und Salzkartoffeln dazu reichen.

Die Ackerbohne gehört zu den ältesten Kulturpflanzen der Menschheit. Sie ist ein Schmetterlingsblütler (*Faboideae*) aus der Familie der Hülsenfrüchtler (*Leguminosae*) aus der Gattung der Wicken (*Vicia*), die nicht zu den eigentlichen Gartenbohnen zählt, die die eigene Gattung *Phaseolus* bilden. Erste Funde von Frühformen der Ackerbohne, die man in Steinzeitsiedlungen bei Nazareth in Israel fand, lassen sich auf die Zeitspanne zwischen 7000 und 6000 v.Chr. zurück datieren. Ab 300 v.Chr. verbreitet sich der Anbau früher Kultur-Ackerbohnen rund um das Mittelmeer. Die Römer brachten die Ackerbohne auch in die Gebiete nördlich der Alpen, wo sie nachweislich seit dem 1. Jahrhundert n.Chr. vermehrt an der Nordseeküste angebaut wurde, wo sie als einzige Hülsenfrucht auf salzhaltigen Böden gedieh. Im Mittelalter gehörte die Ackerbohne zu den wichtigsten Nahrungsmitteln und hatte als Eiweißlieferant angesichts der durch Armut bedingten fleischlosen Kost große Bedeutung.

Seit dem 17. Jahrhundert verdrängten neue Bohnenarten, die aus Amerika nach Europa gelangt waren, die traditionelle Ackerbohne. Nunmehr standen Garten- und Feuerbohnen auf den Speisezetteln, die Ackerbohne verlor entsprechend an Bedeutung, war nur noch bei den ganz armen Leuten anzutreffen und landete überwiegend im Futtertrog – daher ihr abschätzige Bezeichnung als Pferde- oder Saubohne. Doch im Rheinland war man sich des Wertes dieser Bohnenart bewusst geblieben, weil man sich hier das Wissen der richtigen Zubereitungsart erhalten hat. Eines der traditionellsten rheinischen Gerichte ist daher „Dicke Bohnen mit Speck".

Leider ist die Erntezeit für Dicke Bohnen nur kurz. Sie reicht von Mitte Juni bis Ende August.

Schwarzwurzeln

Als Spargel noch ein ganz teures Gemüse war und nur auf die Tische der Reichen kam, galten Schwarzwurzeln als „Spargel des kleinen Mannes". Die Kölner nennen dieses Gemüse *Schözeneere*, ein Begriff, der sich vom Gattungsnamen *Scorzonera* dieser Pflanzen ableitet, der auch der italienischen Bezeichnung entspricht (*scorza* = Rinde, *nera* = schwarz).

Schwarzwurzeln haben übrigens sehr schöne gelbe Blüten an glatten oder behaarten Stängeln. Die bekannteste *Scorzonera*-Art ist die Garten-Schwarzwurzel (*Scorzonera hispanica* L.), die – wie ihr Name sagt – im 17. Jahrhundert von Spanien über Italien nach Mitteleuropa kam. Ihre länglichen Wurzeln werden in den Wintermonaten als Gemüse verzehrt, woher auch ihre weitere Bezeichnung als „Winterspargel" stammt. Das Putzen der stangenförmigen Wurzeln ist etwas aufwändig, aber die Mühe lohnt…

ZUTATEN (für 4 Beilagen)

500 g	Schwarzwurzeln
2 EL	Butter
1 EL	Essig
2 EL	Mehl
2 EL	Sahne
	Gemüsebrühe
	Salz

ZUBEREITUNG

- Die Schwarzwurzeln mit dem Kartoffelschäler schälen, Rindenreste noch abschrappen und die geputzten Stangen in 3 Zentimeter lange Stücke schneiden.

- Etwas Mehl mit Wasser und dem Essig verrühren, die Schwarzwurzelabschnitte hinein geben und darin weich kochen.

- Aus Butter und Mehl eine Schwitze bereiten, mit Gemüsebrühe ablöschen, Sahne zugeben, kurz aufkochen und mit Salz abschmecken.

- Abschließend das gegarte Gemüse in die Sauce geben.

ANRICHTEN

- Schwarzwurzelgemüse eignet sich als Beilage zu kurz gebratenem Fleisch

Schnibbelbohnen

Die rheinische Variante der Zubereitung von Bohnen sind *Suure Bunne*. Dabei handelt es sich um in schräge Scheiben geschnittene Grüne Bohnen, die genauso wie beim Sauerkraut durch Milchsäuregärung haltbar gemacht werden. Im Rheinland kann man solche Bohnen fertig verpackt einkaufen, in anderen Landesteilen gibt es sie praktisch nicht.

Die geschnibbelten (*jefitschten*) Bohnen werden kurz blanchiert und dann lagenweise in einen Sauerkrauttopf gelegt, mit Salz bestreut, mit einem Tuch abgedeckt und mit einem schweren Stein beschwert. Nach einigen Tagen setzt die Milchsäuregärung ein. Jetzt muss man den Bohnentopf immer wieder abschäumen und nach zirka vier Wochen kann man die Sauren Bohnen verzehren.

ZUTATEN (für 4 Portionen)

1 Packung	Schnibbelbohnen
700 g	Karotten
100 g	Räucherspeck
30 g	Butter
	Salz. Pfeffer. Muskatnuss
	Milch
2	Zwiebeln
	Bohnenkraut
8	Wacholderbeeren
2	Lorbeerblätter
4	Scheiben durchwachsenen Speck

ZUBEREITUNG

- Die Kartoffeln schälen, würfeln und kochen.

- Den Speck mit den Wacholderbeeren und dem Lorbeerblatt ca. 30 Minuten kochen, den Topf vom Herd nehmen und alles im heißen Wasser nachgaren lassen.

- Etwas Sud abnehmen und die sauren Bohnen in dem Sud ca. 8 Minuten garen.

- Den Räucherspeck in kleine Würfel schneiden, die Zwiebeln schälen und fein würfeln, Speck und Zwiebeln in einer Pfanne auslassen.

- Die gegarten Salzkartoffeln abgießen, grob zerstampfen, mit etwas Milch, Butter, Muskatnuss, Pfeffer und Salz wieder erhitzen und dann mit den gekochten Bohnen und den Kartoffeln vermengen.

ANRICHTEN

- Die Speckscheiben auf Teller geben und dazu das Kartoffel-Bohnen-Gemüse mit dem ausgelassenen Speck und den Zwiebeln servieren.

Dill-Gurkengemüse

ZUTATEN (für 4 Beilagen)

1 kg	Gurken
2	Zwiebeln
2 EL	Öl
etwas	Fleischbrühe
150 ml	saure Sahne
2 EL	frischen gezupften und gehackten Dill
2 EL	Zucker
etwas	Zitronensaft

ANMERKUNG

■ Für das Gurkengemüse kann man die ganzjährig angebotenen Salat- oder Schlangengurken verwenden. Geschmacklich intensiver sind die Gartengurken, die im Freiland des Vorgebirges von August bis in den Herbst reifen. Ihre Haut ist dicker, ihr Fleisch fester, das Aroma intensiver. Die Bitterstoffe hat man ihnen – anders als bei Salatgurken – noch nicht ganz weggezüchtet. Betroffen davon ist höchstens der Stielansatz, aber der lässt sich gut abschneiden.

ZUBEREITUNG

■ Die Zwiebeln abziehen, grob würfeln, Öl in einem Topf erhitzen und die Zwiebelwürfel darin anschwitzen.

■ Die Gurken schälen, längs teilen, mit einem Teelöffel die Kerne herauskratzen und die Hälften grob würfeln.

■ Die Gurkenwürfel mit in den Topf geben und kurz mit anbräunen.

■ Fleischbrühe, saure Sahne, Dill und Zucker in den Topf geben und alles gut miteinander verrühren.

■ Die Hitze reduzieren und das Gurkengemüse mit Zitronensaft verfeinern und auf kleiner Flamme ein paar Minuten köcheln lassen.

ANRICHTEN

■ Das Dill-Gurkengemüse eignet sich besonders gut zu gebratenem Fisch.

Rotkohl

ZUTATEN (für 4 Portionen)

1 kg	Rotkohl
1	Apfel
6 EL	Essig
3 EL	Zucker
	Salz, Pfeffer, Zimtstange
1	Zwiebel
50 g	Schmalz
2 EL	Preiselbeeren
1/4 l	Rotwein

ANMERKUNGEN

■ Der am besten geeignete Apfel für den Rotkohl ist ein Boskop. Die Preiselbeeren entnimmt man einem Glas. Und an der Qualität des Rotweins sollte nicht gespart werden…

■ Rotkohl ist eine passende Beilage zu allen Wildgerichten, zu Schmorbraten und vor allem zum Rheinischen Sauerbraten (Rezept siehe Kapitel „Fleisch").

ZUBEREITUNG

■ Den Rotkohl halbieren, den Strunk entfernen und in feine Streifen schneiden. Den Apfel schälen, entkernen und grob stifteln. Alles zusammen mit Essig, einer Prise Salz und Zucker mischen und zugedeckt im Kühlschrank 24 Stunden ziehen lassen.

■ Am folgenden Tag die Zwiebel schälen und in feine Streifen schneiden.

■ Das Schmalz im Topf zergehen lassen, etwas Zucker darin leicht karamellisieren und mit Essig ablöschen.

■ Die Zwiebelstreifen im Schmalz andünsten, den marinierten Rotkohl, die Preiselbeeren, Zimt und Rotwein dazugeben.

■ Den Rotkohl im geschlossenen Topf im Backofen bei 175° Celsius ca. eine halbe Stunde garen.

■ Vor dem Servieren die Zimtstange entfernen.

Zülpicher Börde

Die fruchtbaren Lössböden der Zülpicher Börde werden heute intensiv für den Ackerbau genutzt. Neben der Zuckerrübe werden verschiedene Getreidesorten und vor allem Weiß- und Rotkohl angebaut. Nicht umsonst werden die Bauern hier auch als *Kappesbure* bezeichnet.

Die Zülpicher Börde erstreckt sich nördlich der Eifel und wird im Osten von der Ville begrenzt. Eiszeitliche Sedimentanwehungen bedecken hier weite Bodenflächen, die sich mit Beginn der darauf folgenden Warmzeit zu ertragreichen Böden wandelten. So ist diese Landschaft schon seit Jahrtausenden in Kultur genommen worden. Jungsteinzeitliche Bauern begannen mit ersten Rodungen, dann folgten die Kelten. Auch die Römer wussten diese Böden zu nutzen, doch erst im 19. Jahrhundert hat sich die für die Börde so typische Ackerlandschaft herausgebildet.

Hauptort der Zülpicher Börde ist Zülpich. Die Stadt existiert seit dem 1. Jahrhundert n.Chr. Ihr römischer Name war *Tolbiacum*, im Bereich des heutigen Ortsteils Hoven trafen wichtige antike Fernstraßen aufeinander. Im 2. Jahrhundert wurde die römische Thermenanlage errichtet, die heute als Museum der antiken Badekultur hergerichtet ist. Im 4. Jahrhundert erhielt die Ansiedlung eine Ummauerung, In nachrömischer Zeit schrieb

Zülpich sogar Weltgeschichte – hier schlug der Franken-könig Chlodwig im Jahre 496 ein Heer der Alemannen vernichtend, einer der wichtigsten Schritte auf dem Weg zur fränkischen Vorherrschaft in Mitteleuropa, die unter Karl dem Großen ihren Höhepunkt erreichte. Eine erste urkundliche Erwähnung im Mittelalter erfuhr Hoven bei Zülpich in den Unterlagen der Abtei Prüm – im Urbar der Abtei aus dem Jahr 893 wird hier die Eigenkirche eines Gutshofes erwähnt. 1255 erhielt Zülpich Stadtrechte. Und weil Zülpich eine weit vorgeschobene Bastion der Kölner Erzbischöfe gegen die Grafen von Jülich war, erhielt die Stadt eine kurkölnische Befestigung mit Burg, Stadtmauer und Toranlagen.

Sehenswert in Zülpich sind zunächst einmal die außerordentlich gut erhaltenen Thermen. Der ältere Teil der Anlage mit Frigidarium, Tepidarium und Caldarium entstand um 100 n.Chr., später kamen die Sudationes und ein Gesellschaftsraum hinzu. Nicht minder bedeutend sind die mittelalterlichen Befestigungsanlagen der Stadt, allen voran ist die Kurkölnische Landesburg aus dem 14. Jahrhundert zu nennen. Sie wurde im Dreißigjährigen Krieg zerstört, wieder aufgebaut, diente als Fabrik und wartet heute auf eine neue Nutzung. Die Stadtmauer von Zülpich aus dem 13. und 14. Jahrhundert war mit vier Stadttoren versehen, davon drei als Doppeltoranlagen. Das beeindruckendste dieser Doppeltore ist das Weiertor mit dem angefügten Zwinger und bezinntem Wehrgang. Kölntor und Bachtor sind gleichfalls Doppeltore, das Münstertor ohne Zwinger trägt polygonale Eckwarten.

Das Langhaus der Landesburg benachbarten katholischen Pfarrkirche St. Peter, eine vormalige im rheinischen Übergangsstil errichtete Benediktiner-Propsteikirche, wurde Opfer der Bomben des Zweiten Weltkriegs, doch die bemerkenswerte zweischiffige Krypta blieb erhalten. Das erneuerte Langhaus birgt viele wertvolle Ausstattungsstücke der Kirche, so vor allem den Antwerpener Schnitzaltar mit bemalten Flügeln aus der Zeit um 1500.

Im Umfeld der weiten fruchtbaren Ebene um Zülpich erstrecken sich zwei Seen, die durch den in der Bördenlandschaft bis in die 50er Jahre des vorigen Jahrhunderts betriebenen Braunkohleabbau entstanden. Dies sind der 75 Hektar große Füssenicher See, heute ein Naturschutzgebiet, und der 85 Hektar große Zülpicher See, der zum Freizeit- und Wassersportsee ausgebaut wurde.

Nicht zuletzt lohnt auch ein Ausflug in den Ortsteil Hoven. Hier befindet sich das ehemalige Zisterzienserkloster Marienborn, heute eine psychiatrische Fachklinik. In ihrem Gebäudekomplex befindet sich noch die ehemalige, St. Maria und Maximin geweihte Klosterkirche. Es handelt sich um einen Saalbau im Kern aus dem 13. Jahrhundert aus verputztem Bruchstein mit eingezogenem Querquadrat, östlichen Nebenkapellen, halbrunder Apsis und vorgelagertem Westturm. Dieser Westturm stammt noch weitgehend vom Vorgängerbau des späten 11. Jahrhunderts, seine Schweifhaube aus der Barockzeit. Der Chor wurde Anfang des 13. Jahrhunderts zu einem außerordentlich hohen Raum vergrößert, danach auch das Mittelschiff. Die schmalen Rundbogenfenster des Chores vergrößerte man in der Barockzeit. Wertvollster Teil der Innenausstattung ist die so genannte Hovener Madonna, eine der bedeutendsten romanischen Skulpturen des Rheinlandes, die an die Tradition der französischen Monumentalplastik anknüpft. Dieses Bildnis der thronenden Muttergottes mit dem gekrönten Kind auf dem Pfostenstuhl aus dem 12. Jahrhundert stammt ursprünglich aus einer Köln-Marsdorfer Kapelle und war früher polychrom gefasst.

Weißkohl

ZUTATEN (für 4 Portionen)

1 kg	Weißkohl
2 EL	Öl
1 TL	Zucker
2	Zwiebeln
100 g	Räucherschinken
100 ml	Fleischbrühe
1 TL	Kümmelsamen
1 TL	gemahlenen Koriander
	Salz, Pfeffer
2 TL	Essig

ZUBEREITUNG

■ Vom Kohlkopf die äußeren Kohlblätter entfernen, mit einem Messer halbieren, den inneren Strunk herausschneiden und den Kohl mit einem Messer, einem Hobel oder mit der Küchenmaschine in dünne Streifen schneiden.

■ Die Zwiebeln schälen, in kleine Würfel schneiden, den Speck in schmale Streifen schneiden, in einem großen Kochtopf 1 EL Öl erhitzen, darin die Zwiebeln hell anbraten, die Speckstreifen hinzu geben und leicht kross braten.

■ Nunmehr den zweiten EL Öl in den Topf geben, das geschnittene Weißkraut hinzu geben und alles gut miteinander vermengen.

■ Den Zucker über das Kraut streuen, ebenfalls unterheben und alles bei großer Hitze unter ständigem Wenden anschmoren, bis es eine gold-gelbe Farbe bekommt und krautig duftet.

■ Die Temperatur zurück schalten, das Kraut mit Brühe ablöschen, die Gewürze hinzu geben und unter häufigem Umrühren weitere 10 Minuten garen und dabei darauf achten, dass es nicht am Topfboden anbrennt (evtl. weitere Brühe zugeben).

■ Zuletzt das Kraut mit Salz, Pfeffer und Essig abschmecken.

ANRICHTEN

■ Weißkohlgemüse passt als Beilage zu kräftigem Fleisch, deftigen Fleischwaren aber auch zu Bratfisch mit Salzkartoffeln.

Wirsing

ZUTATEN (für 4 Postionen)

1	Kopf Wirsing (1 kg)
1	Zwiebel
100 g	Räucherspeck
2 EL	Schmalz
100 ml	Fleischbrühe
	Kümmel, Muskatnuss, Salz, Pfeffer
200 ml	Sahne

ANMERKUNG

■ Wirsinggemüse ist ein typisches Wintergericht im Rheinland. Herbst- und Winterwirsing schmeckt übrigens würziger und kräftiger als Früh- und Sommerwirsing.

ZUBEREITUNG

■ Vom Wirsingkohl die äußeren Blätter entfernen, vierteln, den Strunk entfernen und in Streifen schneiden.

■ Den Kohl unter fließendem Wasser kurz abbrausen und in einem Sieb gut abtropfen.

■ Die Zwiebel schälen und würfeln, den Speck in schmale Streifchen schneiden, in einer Pfanne Schmalz, Speck und die Zwiebel andünsten, den Kohl hinzugeben und mehrmals alles gut durchrühren.

■ Den Wirsing mit der Brühe ablöschen, etwas Kümmel dazu geben und alles mit geschlossenem Deckel etwa einige Minuten dämpfen lassen.

■ Den Deckel vom Topf nehmen und die Brühe einreduzieren.

■ Dann die Sahne zugeben, den Wirsing nochmals einige Minuten köcheln lassen und abschließend mit geriebener Muskatnuss, Salz und Pfeffer abschmecken.

ANRICHTEN

■ Wirsinggemüse passt wie Weißkohlgemüse als Beilage zu kräftigem Fleisch, zu Fleischwaren und zu Bratfisch mit Salzkartoffeln.

Steckrübe

Die Steckrübe, aus dem Osten auch als Wruke bekannt, hat bei uns einen schlechten Ruf. Vor allem in den Notzeiten des Ersten Weltkrieges mit der schlechten Kartoffelernte 1916 diente sie Im Winter 1916/17 als Nahrungsreserve der hungernden Bevölkerung – dieser Winter ging dann auch als „Steckrübenwinter" in die Geschichte ein.

Man sollte sich durch den schlechten Ruf der Steckrübe nicht abschrecken lassen, sie als herzhaftes Wintermahl zu genießen. Im Rheinland wie andernorts wird sie hauptsächlich als Eintopf zubereitet. Doch sollte man sich ihre Eigenschaft, anderen Geschmack anzunehmen, zunutze machen. Kocht man sie mit anderem Wurzelgemüse zusammen, so schmeckt sie wahlweise nach Sellerie, Möhren oder Kohlrabi. Selbst mit Äpfeln zusammen gekocht, ergibt sie ein leckeres Apfelmus.

ZUTATEN (für 4 Portionen)

1	Steckrübe
100 g	geräucherter Speck
500 g	Schweinefleisch
1	Zwiebel
2 EL	Öl
1/2 l	Fleischbrühe
500 g	Kartoffeln
2 Stangen	Porree
1 Bund	Petersilie
	Salz, Pfeffer, Majoran

ZUBEREITUNG

■ Das Fleisch (am besten ausgelöster Schweinenacken) in mundgerechte Stücke portionieren.

■ Den Speck würfeln, die Zwiebel schälen und in kleine Stücke schneiden.

■ Das Öl in einer großen Pfanne erhitzen, Speck und Zwiebel darin anbraten, dann das Fleisch dazugeben und ebenfalls anbraten.

■ Brühe angießen, gehackte Petersilie, Majoran, Salz und Pfeffer hinzufügen und das Fleisch 50 Minuten schmoren.

■ Steckrübe und Kartoffeln in Würfel, Porree in Ringe schneiden und nach 20 Minuten Gardauer zum Fleisch dazu geben.

ANRICHTEN

■ Abschließend das Steckrübengemüse abschmecken, auf Teller geben und mit Petersilie darüber servieren.

Kürbisschnitzel

ZUTATEN (für 4 Portionen)

400 g	Kürbisfleisch
2	Eier
	Mehl
	Semmelbrösel
100 g	Schmalz
	Salz, Pfeffer

ZUBEREITUNG

- Das Kürbisfleisch in vier fingerdicke Scheiben schneiden, salzen und pfeffern und ruhen lassen, bis das Salz eingezogen ist.

- Die Kürbisschnitzel mit Mehl, Ei und Semmelbrösel panieren und gut anklopfen.

- In einer Pfanne Schmalz erhitzen und die Schnitzel darin goldgelb braten.

- Abschließend bei Bedarf nochmals mit Salz und Pfeffer bestreuen.

ANMERKUNG

- Kürbisschnitzel serviert man mit Kartoffelpüree, Tomatensauce und gemischtem Salat.

> **Sommersberger Hof**
>
> Der Kürbis stammt ursprünglich aus Amerika und wird heute weltweit angebaut. Auch im Rheinland hat Kürbis als Küchengemüse eine lange Tradition. Seit Halloween auch im feier- und kostümfreudigen Rheinland Fuß gefasst hat, spielt Kürbisfleisch eine viel größere Rolle in der heimischen Küche. Viele Bauern im Umland von Bonn bieten in ihren Hofläden Kürbisse aller Art an – der beliebteste unter ihnen ist der Hokkaido-Kürbis.
>
> Der Sommersberger Hof im Gemeindegebiet von Wachtberg ist eine der typischen rheinischen Herrensitze, die bis heute große Landwirtschaftsflächen bewirtschaften. Auch hier hat man den Kürbis als zusätzliche Erwerbsquelle erkannt und bietet ihn in der Saison ab Hof an.

Spargel mit Schinken

Das Vorgebirge ist berühmt für seinen Spargel. Die Felder breiten sich in der Rheinebene zum Rand des Vorgebirges hin aus. Hohe Jahresmitteltemperaturen und geringe, aber ausreichende Niederschläge lassen die Vegetationsperiode hier deutlich früher beginnen als in den benachbarten Regionen. Dazu kommen ideale Böden für den Spargelanbau. Einerseits haben hier auf der Mittel- und Niederterrasse des Rheins eiszeitliche Winde Sand angeweht, andererseits finden sich im Bereich der Altrheinarme die sandigen Lössböden, die der Spargel für sein Wachstum benötigt und die dem Spargel aus dem Vorgebirge seinen herzhaften Geschmack verleihen. Die Spargelbauern des Vorgebirges haben sich zu einer Vereinigung zusammengeschlossen, die über die Qualität der Erzeugnisse wacht und die den Spargel unter der geschützten Bezeichnung „Bornheimer Spargel" vermarktet.

ZUTATEN (für 4 Portionen)

1 kg	Spargel aus dem Vorgebirge
1 kg	neue Kartoffeln
	div. Schinken
	Salz, Zucker
	gehackte Petersilie
	Kräuter: Petersilie, Schnittlauch, Kerbel, Dill, Borretsch, Kresse, Zitronenmelisse, Sauerampfer, Liebstöckel, Pimpinelle
2	Zwiebeln
1 EL	Essig
2 EL	Öl
1/4 l	Schmand (oder saure Sahne)
150 g	Joghurt
	Salz, Pfeffer
1 Prise	Zucker

ZUBEREITUNG

Kräutersauce

- Alle Kräuter fein hacken, die Zwiebel schälen, fein hacken und in eine große Schüssel geben.

- Kräuter und Zwiebeln mit Essig, Öl, Schmand und Joghurt verrühren, mit Salz und Pfeffer würzen.

- Die Kräuter in der Sauce zugedeckt an einem kühlen Ort mindestens 1 Stunde durchziehen lassen.

- Abschließend die Kräutersauce mit Salz, Pfeffer und etwas Zucker abschmecken.

Spargel und Kartoffeln

- Die Schale der möglichst einheitlichen, eher kleineren Kartoffeln abschrubben und diese in Salzwasser garen.

- Den Spargel von oben nach unten schälen, evtl. unten ein kleines Stück abschneiden.

- Die Spargelschalen auskochen.

- Den Spargel in Spargelschalenwasser, gewürzt mit Zucker und Salz, bissfest garen.

Das einstige Sumpfgelände am heutigen Standort von Schloss Augustusburg in Brühl nördlich des Spargelanbaugebietes des Vorgebirges war einst beliebtes Jagdgelände der Kölner Erzbischöfe. Hier ließ Erzbischof Siegfried von Westerburg ab 1274 eine mächtige Wasserburg als Bollwerk gegen die nach Selbstständigkeit strebende Kölner Bürgerschaft errichten, um der Durchsetzung seiner kurfürstlichen Rechte Nachdruck zu verleihen. Die später noch zu einer stattlichen vierflügeligen, wasserumwehrten Befestigungsanlage um einen rechteckigen Innenhof mit Bergfried und Rundturm sowie einer nach Westen zur Stadt hin ausgerichteten Vorburg ausgebaute Burg wurde 1689 durch französische Truppen zerstört.

Kurfürst Joseph Clemens (1671-1723) beauftragte den Pariser Hofarchitekten Robert de Cotte mit der Erneuerung des Brühler Baus. Diese Pläne verwarf sein Nachfolger Clemens August (1700-61) und beauftragte seinerseits den westfälischen Barockbaumeister Johann Conrad Schlaun mit neuen Entwürfen. Doch im Laufe der Zeit konnte sich Clemens August mit diesem ganz der Tradition rheinisch-westfälischer Wasserburgenarchitektur verpflichteten Konzept immer weniger identifizieren. So entließ er 1728 Schlaun und berief den bayerischen Hofarchitekten François de Cuvilliés als neuen Baumeister und Dominique Girard als neuen Gartenarchitekten. Clemens Augusts Hofhaltung war inzwischen so prunkvoll geworden, dass deswegen seine Vorstellungen von einer neuen Residenz immer anspruchsvoller wurden. Und so entstand mit Schloss Augustusburg, dem Jagdschloss Falkenlust und seinen Gärten eine ganzheitliche Barockanlage mit neuer Innenraumdisposition, wie es sie ansonsten nicht im Rheinland gibt. Seit 1984 steht dieses Ensemble auf der UNESCO-Liste des Weltkulturerbes.

Schloss Augustusburg

Im Zuge der Fertigstellung von Schloss Augustusburg wurden zunächst die von Schlaun noch angelegten Wassergräben zugeschüttet, die Gartenterrasse am Südflügel angelegt und die beiden Schlaun`schen Türme abgebrochen – der neue Schlossbau hatte den Charakter der Wasserburg überwunden. Im Zuge der Arbeiten an der neuen Innenraumfolge verlegte Cuvilliés das Treppenhaus auf die Nordseite der Durchfahrt durch den Querflügel. Zur Gestaltung dieses Treppenhauses konnte Balthasar Neumann gewonnen werden, der hier eines seiner Meisterwerke schuf. Die Deckenfresken stammen von Carlo Carlone, der auch die anschließenden Säle sowie die Nepomukkapelle ausmalte. Kurz nach 1750 entstanden die Stuckaturen des Gartensaals. Die Appartements im Obergeschoss des Südflügels wurden dann unter dem neuen Kurfürsten Max Friedrich gestaltet. Die Bauarbeiten an Schloss Augustusburg waren letztendlich mit der Aufstellung der beiden Wachthäuschen an der Hauptzufahrtsbrücke 1768 abgeschlossen.

Heute stellt sich Schloss Augustusburg als verputzter, ocker gestrichener, dreigeschossiger Backsteinbau mit ausgebautem Mansarddach und hellgrau geschlemmten Gliederungselementen dar, dessen Erd- und Dachgeschoss durch vorspringende Gesimse abgesetzt sind. Die regelmäßige Achsengliederung wird durch hochrechteckige Fenster strukturiert. An den Hauptfronten tragen dreiachsige Mittelrisalite mit plastischem Fassadenschmuck unterschiedliche Giebel. Die Innenräume sind reichhaltig mit Gemälden und Stuck geschmückt. Vestibül und Gardensaal sind mittig übereinander liegend, verbunden

durch die Hauptattraktion des Schlosses, die durch die Geschosse führende Treppe von Balthasar Neumann.

Schloss Falkenlust

Das mit dem Park des Residenzschlosses Augustusburg durch eine lange Baumallee verbundene Jagdschloss Falkenlust ließ Kurfürst Clemens August 1729-32 nach Plänen von François de Cuvilliés errichten, um hier seiner besonderen Leidenschaft, der Falkenjagd, zu frönen. Das Lustschloss ist ein zweigeschossiger Rechteckbau, ganz im Stil des damals aufkommenden Bautypus einer *maison de plaisance* errichtet. Dem zweigeschossigen Hauptgebäude mit seinem umgitterten, bekrönenden Belvedere als Aussichtsplatz auf dem Dach ist ein von niedrigen Seitentrakten eingefasster Ehrenhof vorgelagert.

Schlosspark

Der Brühler Schlosspark erstreckt sich im Wesentlichen südlich von Schloss Augustusburg. Er besteht aus den Barockgärten, dem sich anschließenden ehemaligen Tierpark, dazu einer kleinen Gartenanlage nördlich des Schlosses sowie aus dem wasserumwehrten östlichen Schlossvorplatz. Der Gartenarchitekt Dominique Girard, Schüler von André Le Nôtre, dem wohl berühmtesten aller Landschafts- und Gartengestalter, entwarf ab 1728 das Gartenparterre. Südlich schließt sich das zentrale, zweiteilige Broderieparterre mit runden und vierpassförmigen Fontänenbecken und anschließendem Spiegelweiher an, die mit Zierbeeten aus rhythmisch bepflanzten Blumenrabatten eingefasst sind, deren filigrane Buchsornamente wie Stickerei (frz. *broderie*) wirken. Seitlich wird dieser Gartenteil von Lindenalleen gesäumt, die zu dreieckigen Heckenquartieren überleiten, die ihrerseits mit Rundsälen, Brunnen und kleinen Salons gestaltet sind.

Als die Preußen in nachnapoleonischer Zeit das Rheinland übernahmen, gestaltete der vom Preußenkönig Friedrich Wilhelm IV. beauftragte Gartenarchitekt Peter Joseph Lenné die Anlage im Sinne englischer Landschaftsgärten um. Die Hauptachse durch das neu gestaltete Gelände stellt die Verlängerung der Mittelallee des Broderieparterres dar und lässt den Blick vom Schloss Augustusburg zum Horizont schweifen. Geschwungene Wege und kleine Bachläufe seitlich des Broderieparterres führen zu den Wasserflächen der beiden Inselweiher, eine diagonale Achse zum Jagdschloss Falkenlust. Bewusst zog Lenné die Eisenbahnstrecke der 1844 eröffneten Linie Köln-Bonn in die Gartengestaltung mit ein – was damals dem Fortschrittsglauben entsprach, faktisch aber zur Teilung des Parks zum Jagdschloss Falkenlust hin führte.

FLEISCH MUSS SEIN

Rinder-, Schweine-, Lamm- und Kalbsgerichte

Rind, Kalb, Schwein und Lamm – ob gebraten, geschmort, eingelegt oder gesotten, alles wunderbar mit leckeren Saucen und Beilagen.

Rheinischer **Sauerbraten**

Der Sauerbraten ist der Klassiker unter den rheinischen Küchenspezialitäten. Früher, als auf den Bauernhöfen noch Pferde zum Arbeitseinsatz kamen, wurde Sauerbraten traditionell aus Pferdefleisch zubereitet. Allerdings waren die Pferde am Ende ihres Lebens abgearbeitet, ihr Fleisch zäh. Um solches Pferdefleisch dennoch genießbar zu machen, wurde es roh in einer Marinade aus Essig, Wein, Suppengrün und Gewürzen eingelegt. Mehrtägiges Marinieren machte den Braten mürbe – und durch Verfeinerung mit Apfelkraut und Lebkuchen zu einer großen Spezialität der Rheinregion. Inzwischen gibt es keine Arbeitspferde mehr, und man verwendet längst Rindfleisch für den Sauerbraten. Und je edler das verwendete Teilstück und je raffinierter die Marinade ist, umso besser schmeckt der Sauerbraten!

ZUTATEN (für 4 Portionen)

800 g	Rindfleisch aus dem Dicken Bug
2	Möhren
1	große Zwiebel
1/8 l	Weinessig
0,5 l	Wasser
0,5 l	Rotwein
3	Nelken
8	Pfefferkörner
1	Lorbeerblatt
4	Wacholderbeeren
	Zucker, Salz, Pfeffer
30 g	Butterschmalz
60 g	Lebkuchenbrösel
1 EL	Apfelkraut
200 g	Rosinen
3 EL	Sauerrahm

ZUBEREITUNG

- Die Möhren und die Zwiebel schälen, klein schneiden, mit Essig, Wasser, Rotwein und den Gewürzen vermengen.

- Das Fleisch in einen Topf geben, die Marinade darüber gießen und zwei bis drei Tage im Kühlschrank ziehen lassen. Dabei das Fleisch ab und zu wenden.

- Zum Braten das Fleisch aus der Marinade nehmen, abtropfen lassen und abtrocknen. Die Marinade durchseihen.

- Das Butterschmalz in einem Bräter erhitzen und das Fleisch darin von allen Seiten scharf anbraten.

- Die Lebkuchenbrösel und das Apfelkraut zum Fleisch geben und mit der Marinade ablöschen.

- Das Fleisch bei mittlerer Hitze und unter ständigem Begießen ca. 90 Minuten lang schmoren.

- Die Rosinen waschen und 15 Minuten vor Ende der Garzeit zugeben.

- Das Fleisch herausnehmen und warm stellen. Die Soße abschmecken und mit Sauerrahm verfeinern.

- Dazu passen Rotkohl und Kartoffelklöße, oder auch Kartoffelbrei.

Pepse

Rheinischer Sauerbraten aus Rindfleisch ist allseits bekannt – weniger bekannt ist dagegen der Schweine-Sauerbraten auf rheinische Art, hier auch „Pepse" genannt. Hierfür wird in erster Linie ein Stück aus der Schweinskeule verwendet, dessen Reifezeit in der Beize nur zwei Tage beträgt.

ZUTATEN (für 4 Portionen)

800 g	Schweinebraten aus der Keule
500 ml	Essig
2	Zwiebeln
1	Möhre
1 Stück	Sellerie
2	Lorbeerblätter
5	Wacholderbeeren
2	Nelken
1 TL	geschroteter Pfeffer
	Salz, Pfeffer, Zucker
40 g	Schweineschmalz
	Mehl

ZUBEREITUNG

- Den Essig mit 500 ml Wasser in einen Topf gießen.

- Die Zwiebeln schälen und grob zerkleinern, Möhre und Sellerie schälen, würfeln, die Lorbeerblätter, die zerdrückten Wacholderbeeren, Nelken und den Pfeffer hinzugeben.

- Die Beize 2 Minuten durchkochen und anschließend abkühlen lassen.

- Den Schweinebraten in die Beize legen und an einem kühlen Ort mindestens 2 Tage marinieren lassen, dabei das Fleisch zwischendurch immer wieder wenden.

- Das Fleisch aus der Beize nehmen, abtropfen lassen, abtrocknen und mit Salz und Pfeffer würzen.

- Das Wurzelgemüse ebenfalls aus der Beize nehmen und abtropfen lassen.

- Das Schmalz in einem Schmortopf erhitzen, das Fleisch darin anbraten, das Wurzelgemüse hinzugeben.

- Den Topfinhalt mit Mehl bestäuben, kurz mitrösten und die Hälfte der Beize hinzugießen. Das Fleisch zugedeckt im vorgeheizten Backofen bei 200° Celsius 1,5 Stunden schmoren lassen.

- Dann das Fleisch herausnehmen und warm halten.

- Den Bratenfond mit der restlichen Beize loskochen.

- 2 EL Mehl mit kaltem Wasser glatt rühren, den Fond damit binden, evtl. mit etwas Zucker abschmecken und nochmals unter Rühren aufkochen.

- Zur Pepse passen beispielsweise Kartoffelklöße und Rotkohl.

Rindersteak

ZUTATEN (für 4 Portionen)

4	Rindersteaks
	Olivenöl
	Salz, geschroteter Pfeffer frisch aus der Mühle
80 g	Kräuterbutter

ZUBEREITUNG

- Mit einem scharfen Messer die Steaks quer zur Faser aus dem Fleischstück schneiden (sofern nicht vom Metzger vorportioniert), beim Rumpsteak Fettrand einschneiden, damit es beim Braten nicht wellt. Dann die Steaks unter fließendem Wasser waschen, anschließend gründlich trocken tupfen. (Sie dürfen nicht mehr nass sein, ansonsten spritzt das Öl in der Pfanne).

- Etwas Olivenöl in die Pfanne geben und mit einem Küchentuch verteilen, überschüssiges Öl mit dem Tuch entfernen.

- Die Pfanne hoch erhitzen, erst dann die Steaks in die Pfanne geben.

- Die Steaks von jeder Seite eine gute Minute bei großer Hitze braten, dann die Stücke mit einem Bratenwender leicht andrücken – tritt noch Fleischsaft aus, ist es eher englisch als medium.

- Die Steaks aus der heißen Pfanne auf vorgewärmten Tellern mit einer Kräuterbutterhaube servieren.

- Salz und Pfeffer auf den Tisch stellen, so dass sich jeder Essensteilnehmer sein Steak nach eigenem Geschmack würzen kann.

ANMERKUNGEN

- Nur wenn die Pfanne beim Anbraten der Steaks richtig heiß ist, können sich die Poren des Fleischs schnell schließen, damit möglichst wenig Fleischsaft austritt.

- Steaks nicht mit einer Gabel in die Pfanne geben – spitze Küchengeräte verletzen das Fleisch und lassen den Fleischsaft austreten, wodurch das Fleisch austrocknet.

- Steaks nicht vor dem Braten würzen. Salz entzieht dem Fleisch Wasser, das Fleisch wird dann trocken. Pfeffer und andere Gewürze verbrennen in der heißen Pfanne und geben einen bitteren Geschmack ab.

- Garzeiten für ein 3-cm-Steak: jeweils ca. 2 Min englisch, 3 Min medium, 5 Min well-done, abhängig von der Konsistenz des Fleischstücks und wie abgehangen es jeweils ist.

BEILAGEN

- Baguette, Feldsalat mit Tomaten und Gurken, Grilltomaten, neue Kartoffeln, Folienkartoffeln – und natürlich leckere Grillsaucen.

In der Feudalzeit wussten sich die Herren der Eifel schon immer bestens zu ernähren. Ihnen waren die edelsten Stücke der Schlachttiere vorbehalten. Heute wird im gesamten Rheinland qualitativ hochwertiges Rindfleisch erzeugt, die Haltungsbedingungen sind in der Eifel und im Bergischen Land besonders gut.

Für Steaks eignen sich Rinderfilet, Rumpsteak, Entrecote und Hüftsteak. Die einzelnen Stücke sollten jeweils mindestens zwei, besser drei Zentimeter dick sein. Zum Braten verwendet man entweder eine schwere gusseiserne Pfanne, am besten eine antihaftbeschichtete Eck-pfanne. Es gibt mehrere Arten, ein Steak zuzubereiten. Wird nur eine dünne Kruste angebraten und bleibt das Fleisch innen noch roh, so nennt man diese Zubereitungsart „englisch" (*rare*). Das Fleisch hat dann noch einen blutigen Fleischkern und der Saft tritt dunkelrot aus. Bei der Zubereitungsart „medium" (französisch *á point*) werden die Fleischstücke eine Minute länger gebraten. Das Fleisch ist dann mitteldurch, hat einen rosa Kern, der austretende Fleischsaft ist rosa. Soll das Fleischstück voll ausgebraten sein, so nennt man das „durch" (*well-done*). Das Fleisch ist dann noch leicht rosa und der Fleischsaft tritt klar aus.

Abteikirche Maria Laach

Eines der bedeutendsten Bauwerke des gesamten Rheinlandes ist die Abteikirche Maria Laach, zauberhaft gelegen am Laacher See. Die Entstehung dieses Sees geht auf einen Vulkanausbruch zurück, der gerade erst 12.000 Jahre her ist. Wegen seiner außergewöhnlichen geologischen Bedeutung und seiner einmalig schönen Lage sind der Laacher See und die ihn umgebende Landschaft zum Naturschutzgebiet erklärt worden.

Pfalzgraf Heinrich II. berief im Jahr 1093 Benediktinermönche zur Gründung eines Klosters am Ufer des Sees. Als er 1095 starb, setzte seine Gemahlin Adelheid das großartige Werk fort, das den Vorbildern der Dome von Speyer, Mainz und Worms nacheifert. Nach einer längeren Pause erfolgte der Abschluss der Bauarbeiten zwischen 1220 und 1230 mit der Fertigstellung des Paradieses an der Westfront der Kirche. Die Einwölbung wurde offensichtlich erst später im 13. Jahrhundert vorgenommen.

Es war übrigens Abt Fulbert, der dem abflusslosen Laacher See im Jahre 1164 durch Anlage eines 800 Meter langen Stollens einen ersten Abfluss schuf und damit den Seespiegel nachhaltig zum Sinken brachte, wodurch am See wertvolle Landwirtschaftsflächen für das Kloster geschaffen werden konnten. Eine weitere Absenkung wurde zwischen 1842 und 1844 vorgenommen. Die Landwirtschaftsflächen der Abtei Maria Laach sind heute an einen Bio-Bauern verpachtet, der hier eine große Charolais-Rinderzucht betreibt. Außerdem kann man im

Hofladen Bio-Produkte aus der gesamten Eifel kaufen.

Mächtig ragen die beiden Turmgruppen der Abteikirche Maria Laach in den Himmel, beide mit eigener Choranlage und durch das Langhaus miteinander verbunden. Im Inneren sind die Bauteile des Ostwerkes, des Westwerkes und des Langhauses harmonisch miteinander abgestimmt. Der Zutritt zur dreischiffigen Hallenkrypta erfolgt vom Querschiff seitlich des Chores. In der Mitte der Krypta liegt die Grabplatte des ersten Abtes Gilbert – es ist eine Kopie, das Original ist im Rheinischen Landesmuseum Bonn zu sehen. Das letzte Bauteil der Abteikirche Maria Laach ist das vorgesetzte Paradies. Diese Vorhalle ist ein Spätwerk deutscher Romanik, ein rechteckiger Wandelgang, in dem heute eine moderne, von vier Löwen getragene Brunnenschale steht. Einzigartig sind die skulptierten Kapitelle mit ihren feingliedrigen figürlichen, pflanzlichen und tierischen Motiven.

Im Ostchor, in dem die Messen abgehalten werden und in dem sich das Chorgestühl der Mönche befindet, steht der Hochaltar in Form eines Ziboriums, ein auf Säulen gestützter Baldachin, der aus dem Jahr 1256, also der Zeit unter dem 11. Abt Theoderich II. stammt.

Die barocken Klostergebäude der Abtei Maria Laach sind übrigens bis auf einen 1775 errichteten Flügel und ein Gartenhaus aus dem 19. Jahrhundert nicht mehr vorhanden. Die heutigen Gebäude stammen aus dem 20. Jahrhundert.

Rindernacken in Senfkruste

Wer mit den weniger nachgefragten Teilstücken des Rinds richtig umzugehen weiß, kann damit ausgesprochen attraktive Gerichte zubereiten. Der Rindernacken ist ein Teilstück, das eher als Kochfleisch für Suppen und Eintopf oder für Gulaschgerichte eingesetzt wird, das man aber auch braten kann – wenn man das passende Rezept dazu hat.

ZUTATEN (für 4 Portionen)

800 g	Rindernacken (in 4 Scheiben)
1 EL	scharfen Senf
	Mehl
	Salz, Pfeffer

ZUBEREITUNG

■ Die Rindernackenscheiben beidseitig mit Senf einstreichen.

■ Das Fleisch eine Zeit lang ruhen lassen (mindestens 2 Std.), damit der Senf einziehen kann.

■ Die Rindernackenscheiben in Mehl wenden und gut abklopfen.

■ Das Fleisch in einer Pfanne bei nicht zu großer Hitze braun braten (die Bratdauer hängt von der Stärke des Nackenstücks ab).

■ Das Fleisch während des Bratens salzen und pfeffern.

ANRICHTEN

■ Die Rindernackenscheiben mit Kartoffeln und Gemüse wie z.B. Lauchgemüse oder Spitzkohl-gemüse servieren.

Roulade

Die Roulade ist ein Standardgericht in deutschen Haushalten, das leider wegen der langen Vorbereitungs- und Schmorzeit von jüngeren Leuten gemieden wird.

Zwei rheinische Varianten gibt es:

Anstelle des normalerweise verwendeten scharfen Senfs den Tomatensenf verwenden, wie er beispielsweise von der Monschauer Senfmühle angeboten wird, oder anstelle der Cornichons Apfel- oder Birnenscheiben verwenden.

ZUTATEN

4	Rouladen
	Salz, Pfeffer
	Senf (bzw. Tomatensenf)
8 Scheiben	durchwachsener Speck
10	Schalotten
16-20	Cornichons (oder Apfel- bzw. Birnenscheiben, auch getrocknet)
	Öl, Butter
	Tomatenmark
0,5 l	Rotwein
	evtl. etwas Speisestärke zum Binden

ZUBEREITUNG

- Die Rouladen säubern, trocken tupfen und auf einer Arbeitsplatte nebeneinander legen, salzen und pfeffern.

- Die Rouladen mit Senf bestreichen.

- Auf die Rouladen je zwei Scheiben Speck legen.

- Die Schalotten schälen und würfeln. Eine Hälfte auf die Rouladen streuen.

- Die Cornichons längs halbieren und je 8-10 Hälften quer auf die Rouladen legen.

- Die Rouladen aufrollen und mit Rouladennadeln zustecken.

- In einem Bräter ein Öl/Butter-Gemisch erhitzen. Die Rouladen in dem heißen Fett scharf von allen Seiten anbraten, Tomatenmark und die zweite Hälfte der Schalottenwürfel mit anrösten, dann mit dem Rotwein ablöschen.

- Den Bräter in einen vorgeheizten Backofen geben und die Rouladen im geschlossenen Topf bei 220° Celsius 1,5 Stunden schmoren lassen, evtl. noch etwas Wein nachgeben.

- Danach den Bräter aus dem Ofen nehmen, die Sauce etwas einreduzieren, evtl. andicken.

BEILAGEN

- Zu den Rheinischen Rouladen passt ein kräftiges Kohlgemüse, am besten Rotkohl. Dazu gibt es in Butter geschwenkte Petersilienkartoffeln.

Wirsingroulade

ZUTATEN (für 4 Portionen)

1	Wirsingkohl
12	dünn geschnittene Scheiben geräucherten Speck
350 g	Hackfleisch gemischt
100 g	Rinderbrät (evtl. beim Metzger vorbestellen)
500 ml	Brühe
20 g	Bratfett
10 g	Butter
1	Zwiebel
1	Ei
	Semmelbrösel
	Salz, Pfeffer
2 EL	Mehl

ZUBEREITUNG

- 16 große Blätter vom Wirsingkohl lösen, waschen und in kochendem Salzwasser blanchieren.

- Die Blätter herausnehmen, in Eiswasser abschrecken, abtropfen lassen, mit Küchenpapier trocken tupfen und die Rippen flach schneiden.

- Die Zwiebel schälen und würfeln.

- Die Butter in einer Pfanne erhitzen und die Zwiebelwürfel darin glasig dünsten.

- Aus Hackfleisch, Rinderbrät, Ei, Zwiebel und Semmelbrösel einen Fleischteig zubereiten, mit Pfeffer und Salz würzen und 4 Rollen formen.

- Jeweils 4 Wirsingblätter überlappend ausbreiten, mit je 3 Scheiben Speck belegen, je 1 Hackfleischrolle darauf geben, die Seiten einklappen und zur Wirsingroulade aufrollen, und mit einem Küchenfaden zusammen binden.

- Das Bratfett in einem großen Topf erhitzen, die Wirsingrouladen von allen Seiten leicht anbraten, mit der Brühe ablöschen.

- Die Wirsingrouladen bei leicht geöffnetem Topfdeckel 60 Minuten bei mittlerer Hitze dünsten, nach der halben Garzeit die Wirsingrouladen wenden.

- Die Wirsingrouladen auf eine vorgewärmte Platte legen und die Fäden entfernen.

- Das Mehl mit Wasser verrühren, die Soße damit binden, kurz aufkochen lassen und abschließend mit Pfeffer und Salz abschmecken.

BEILAGEN

- Als Beilagen eignen sich Salzkartoffeln, Bratkartoffeln – mancherorts wird auch Reis dazu gereicht.

Ochsenfleisch mit Wirsing

Schavu, wie die Kölner, oder *Schavur*, wie die Bonner den Savoyer Kohl nennen, der im 18. Jahrhundert ins Rheinland kam, ist seither als „Wirsing" nicht mehr aus der rheinischen Küche wegzudenken. Wirsing ist eine Kopfkohlart, eine Kulturvarietät des Gemüsekohls. Seine kraus gewellten Blätter haben einen blauen Einschlag. Wirsing ist das ganze Jahr über erhältlich, zuerst als milderer Frühwirsing, später als kräftiger Herbstwirsing.

ZUTATEN (für 4 Portionen)

800 g	Ochsenfleisch (ohne Knochen)
1	Bund Suppengrün
1	Kopf Wirsingkohl (ca. 1 kg)
2 EL	Butter
2 EL	Mehl
	Salz, Pfeffer, Muskat
1 kg	festkochende Kartoffeln
	Petersilie

ZUBEREITUNG

Ochsenfleisch

■ Das Ochsenfleisch mit Wasser aufsetzen, zum Kochen bringen und dann 20 Minuten kochen lassen, dabei immer wieder den Schaum abschöpfen.

■ Die Brühe salzen und pfeffern, das klein geschnittene Suppengemüse dazu geben und dann das Fleisch darin 2 Stunden köcheln lassen.

■ Nach der Kochzeit den Topf auf dem ausgeschalteten Herd 15-30 Minuten stehen lassen.

■ Das Fleisch herausnehmen, die Brühe durch ein Haarsieb geben.

■ Das Fleisch hat in dieser Zeit geruht, wird nun in Scheiben geschnitten und warm gestellt.

Wirsing

■ Den Wirsing zerschneiden und die dicken Rippen entfernen.

■ Die gut gewaschenen Wirsingblätter in einem Topf mit Salzwasser kochen, abschütten, ausdrücken und mit einem Messer klein schneiden.

■ Aus dem Fett und dem Mehl eine helle Mehlschwitze bereiten und mit Fleischbrühe auffüllen.

■ Die Sauce gut ausköcheln lassen, den Wirsing darunter geben und mit Salz, Pfeffer und Muskat abschmecken.

ANRICHTEN

■ Die Fleischscheiben auf vier Teller mit dem Wirsinggemüse geben, dazu Salzkartoffeln, mit fein gehackter Petersilie garniert, reichen.

Eisbein mit Sauerkraut

Die Kölner lieben *Hämmcher met suure Kappes*. Dieses Gericht darf auf keiner Speisekarte einer Kölner Brauhausgaststätte fehlen.

ZUTATEN (für 4 Personen)

4	gepökelte Eisbeine à ca. 750 g
2	Zwiebeln
175 g	Lauch
150 g	Möhren
1/2 - 1 TL	Salz
2-3	Lorbeerblätter
8-10	schwarze Pfefferkörner
50 g	fetten Speck
800 g	frisches Sauerkraut
1	Kartoffel
1 Prise	Zucker
	Petersilie

ZUBEREITUNG

- Die Zwiebeln schälen und vierteln. Den Lauch putzen, waschen und in Scheiben schneiden, die Möhren putzen, waschen und in Stücke schneiden.

- In einen mit Wasser gefüllten Topf 1 TL Salz, die Lorbeerblätter, die Pfefferkörner, die Zwiebeln, Lauch und Möhren geben und aufkochen lassen.

- Die Eisbeine in den Topf geben, alles nochmals aufkochen und bei schwacher Hitze 1,75 Stunden köcheln lassen.

- Den Speck fein würfeln, in einem Topf auslassen, das Sauerkraut zufügen und unter Wenden anbraten.

- Ein Viertel Liter Eisbeinbrühe mit einer Schöpfkelle abnehmen und das Sauerkraut damit ablöschen.

- Das Sauerkraut 20 Minuten schmoren lassen.

- Die Kartoffel schälen, gründlich waschen, reiben und 15 Minuten vor Ende der Schmorzeit mit in das Sauerkraut geben.

- Das Sauerkraut mit Zucker abschmecken.

ANRICHTEN

- Das Eisbein aus der Brühe heben, auf dem Sauerkraut mit Petersilie anrichten. Dazu in Butter geschwenkte Salzkartoffeln reichen.

Jägerschnitzel

Früher, als es noch keine Pilzfarmen gab, stammten die Pilze, wie sie in der Sauce zum Jägerschnitzel verwendet werden, ausschließlich aus dem Wald. Es war unter anderem Aufgabe der Jäger, für die herrschaftlichen Küchen Pilze zu sammeln. Eines der bedeutendsten Jagdreviere im Rheinland war der Kottenforst, wo die Kurfürsten ihre Parforce-Jagden abhielten. Diese Jagdleidenschaft zeichnete auch Kaiser Wilhelm II. aus, der in jungen Jahren Student in Bonn war und den Kottenforst oft durchstreifte. Später baute man ihm eigens einen Prachtbahnhof an der Strecke von Bonn nach Euskirchen. Heute ist der Fachwerkbahnhof Kottenforst ein beliebtes Ausflugslokal – Spezialität: Jägerschnitzel!

ZUTATEN (für 4 Portionen)

4	Schnitzel (aus der Oberschale)
30 g	Bratfett
	Salz, Pfeffer
250 g	Champignons
250 g	Pfifferlinge
1	Zwiebel
1/8 l	Brühe
2 TL	Saucenbinder
	etwas Crème Fraîche

ZUBEREITUNG

■ In einer Pfanne 20 g Fett erhitzen und die Schnitzel von jeder Seite ca. 3-4 Minuten kräftig anbraten, dann erst mit frisch gemahlenem Pfeffer und Salz würzen, damit sie nicht zäh werden.

■ Die Schnitzel aus der Pfanne nehmen und warm stellen.

■ Das restliche Fett in der Pfanne erhitzen, die Champignons und Pfifferlinge putzen, in Scheiben schneiden und anbraten.

■ Die Zwiebel pellen, in kleine Würfel schneiden und diese zu den Pilzen in die Pfanne geben und mitbraten.

■ Die Pilzpfanne mit Brühe ablöschen und mit Salz und Pfeffer würzen.

■ Die Sauce zum Kochen bringen und mit dunklem Saucenbinder binden, dann die Temperatur reduzieren, Crème Fraîche einrühren.

ANRICHTEN

■ Die Jägerschnitzel auf Teller und die Pilzsauce darüber geben und mit Salzkartoffeln oder Nudeln servieren. Als Beilage passt ein gemischter Salat.

Bahnhof Kottenforst

Im Zuge der Anlage der Bahntrasse von Bonn über Euskirchen nach Münstereifel wurde 1879/80 am Kottenforst ein besonderer Bahnhof in aufwändiger Fachwerkbauweise errichtet. Hier erwartete man die Mitglieder des preußischen Königs- und deutschen Kaiserhauses zu den groß angelegten Jagden im Kottenforst. In der Tat war dieser Bahnhof für Kaiser Wilhelm II. ein bevorzugter Ausgangspunkt, um seiner Jagdleidenschaft zu frönen. Von hier aus brachte eine Kutsche den Kaiser in das eigentliche Jagdrevier, wo ihm das Wild zugetrieben wurde.

Das Bahnhofsgebäude ist ein dreigeschossiger Fachwerkbau mit hochrechteckigen, verputzten Gefachen. Unter dem Kreuzdach mit Krüppelwalm zeigt sich ein hölzernes verziertes, frei schwebendes Kranzgesims. Nach Norden und Osten findet sich eine Mittelbetonung unterhalb des Krüppelwalms durch zweigeschossige Fachwerk-Erker, der Dachüberstand ruht auf profilierten Kopfbändern.

Heute beherbergt der Bahnhof Kottenforst, der auch als Bausatz für Hobby-Eisenbahnanlagen erhältlich ist, ein viel besuchtes Ausflugslokal, wo sich Wanderer und Radfahrer entspannen und Kinder sich auf dem großen Spielplatz austoben können. Die Küche bietet gutbürgerliche Speisen, so Salate, Folienkartoffeln, Wandererteller, diverse Wurstspeisen – und natürlich Jägerschnitzel! Und am Nachmittag gibt's hausgemachten Kuchen.

Saure Nieren

Saure Nieren sind nicht jedermanns Sache – aber im Rheinland gibt es eine lange Tradition, Innereien auf verschiedenste Weise zuzubereiten. Sicherlich hängt diese Tradition auch damit zusammen, dass sich die armen Leute oft nur die preiswerten Innereien leisten konnten. Doch sollte man seine Scheu überwinden und das nachfolgende Rezept für *suure Niercher* einmal ausprobieren. Es schmeckt übrigens hervorragend!

ZUTATEN (für 4 Portionen)

500 g	Schweinenieren
etwas	Milch
1	Zwiebel
30 g	Fett
10 g	Mehl
1/8 l	Brühe
	Salz, Pfeffer, Essig, Zucker, Majoran
3 EL	Sahne

ANMERKUNG

- Schweinenieren sind heute nicht so ohne weiteres im Handel zu bekommen – am besten beim Metzger vorbestellen.

ZUBEREITUNG

- Die Schweinenieren waschen, von der Haut und den Röhren befreien und einige Stunden in etwas Milch einlegen.

- Danach die Nieren in feine Streifen schneiden.

- Die Zwiebel schälen und klein hacken, im Fett anschwitzen, die Nieren dazugeben und kurz anrösten.

- Die Nieren mit dem Mehl bestäuben, mit der Brühe aufgießen, salzen, pfeffern und 3 bis 5 Minuten schmoren lassen, mit Essig, Zucker und Majoran abschmecken und mit der Sahne verfeinern.

- Als Beilage eignen sich Kartoffeln, Knödel oder Nudeln. Dazu gibt es einen grünen Salat.

Falscher Hase

Es gibt die verschiedensten Erklärungsversuche für die Bezeichnung „Falscher Hase". Nicht alle davon sind kochbuchfähig, am plausibelsten erscheint noch die Ähnlichkeit mit einem küchenfertigen Hasenleib zu sein.

Falscher Hase ist im Prinzip ein großer Hackbraten, in den als Besonderheit gekochte Eier eingelegt sind – eine Riesenbulette, früher auch als „Arme-Leute-Sonntagsbraten" bezeichnet.

Kalt aufgeschnitten eignet sich falscher Hase auch als Aufschnitt.

ZUTATEN (für 4 Portionen)

4	Eier
2	Brötchen
ca. 10 EL	Milch
2	Zwiebeln
800 g	Schweinehackfleisch
2 TL	Senf
	Salz, Pfeffer
2 EL	gemischte Kräuter
200 ml	Gemüsebrühe
	Paprikapulver

ZUBEREITUNG

■ Drei Eier ca. 5 Min in kochendes Wasser geben und mit kaltem Wasser abschrecken.

■ Die Milch kurz erhitzen und die Brötchen darin einweichen.

■ Die Zwiebeln schälen und fein würfeln.

■ Das Hackfleisch in eine große Schüssel geben, die Brötchen ausdrücken und zum Hackfleisch geben, kräftig mit Pfeffer und Salz würzen, die Zwiebeln, den Senf und das verbliebene Ei roh dazu geben.

■ Die Hackmischung gründlich durchkneten und im Kühlschrank eine halbe Stunde ziehen lassen.

■ Die hart gekochten Eier pellen, auf eine Hälfte des Hackfleischs legen, mit der zweiten Hälfte des Hackfleischs bedecken und den Falschen Hasen in eine länglich-runde Form bringen.

■ Den Falschen Hasen in einen Bräter geben und im vorgeheizten Backofen bei 180° Celsius (Umluft 160° C) eine halbe Stunde garen.

■ Danach die Gemüsebrühe über den Falschen Hasen gießen und ihn in einer weiteren halben Stunde fertig garen – dies sieht man, wenn er eine braune Kruste bekommen hat.

■ Die Sauce im Bräter mit Salz, Pfeffer und Paprikapulver abschmecken und zu dem Hackbraten reichen.

ANRICHTEN

■ Als Beilage zum Falschen Hasen wird üblicherweise Kartoffelbrei gereicht. Dazu passt ein gemischter Salat.

Schweinepfeffer

Im Gegensatz zum Gulasch wird Pfeffer (Hasenpfeffer, Schweinepfeffer, etc.) vor dem Braten in eine Marinade aus Essig, Zwiebeln, Lorbeer, evtl. auch Wein, Öl und Nelken eingelegt. Die rheinische Variante gibt der Sauce zum Abschmecken noch Rübenkraut zu. Früher war es übrigens durchaus üblich, die Sauce mit Schweineblut zu binden.

ZUTATEN (für 4 Personen)

1 kg	Schweinefleisch (Nacken oder Schulter)
500 g	Zwiebeln
1/4 l	Apfelessig
	Wasser
	Lorbeerblätter, Salz, Zucker, Pfefferkörner
	Rübenkraut
	Saucenbinder

ZUBEREITUNG

- Das Fleisch in gulaschgroße Stücke schneiden.

- Die Zwiebel in Ringe schneiden.

- Die Schweinefleischwürfel mit den Zwiebelringen und einigen Lorbeerblättern und Pfefferkörnern bedecken.

- Den Apfelessig mit etwas Wasser verdünnen und über das Fleisch gießen.

- Das Fleisch über Nacht in der Marinade stehen lassen.

- Das Fleisch aus der Marinade nehmen, trocken tupfen, in der Pfanne anbraten und dabei leicht Farbe nehmen lassen.

- Die Marinade wieder zugießen und das Fleisch 40-45 Minuten köcheln lassen, wobei die Marinade knapp unter dem Siedepunkt bleiben muss, weil ansonsten das Fleisch zerfasert und trocken wird.

- Abschließend die Marinade mit Saucenbinder binden, mit Rübenkraut und etwas Zucker abschmecken und je nach Belieben noch etwas Essig nachgießen.

Lammschmortopf

Die so genannten „kleine Leute" im Rheinland verfügten außerhalb der Städte meist über ein kleines Stück Land, auf dem sie ihr Gemüse für den täglichen Bedarf anpflanzten, auch das Futter für ein paar Stallhasen ernteten, aber für eine Kuh reichte es nur in den seltensten Fällen. So galt das Schaf als die Kuh des kleinen Mannes, in den höheren Lagen der Eifel übernahmen auch Ziegen diese Funktion. Schafffleisch zusammen mit den üppig in den Gärten wachsenden Kohlköpfen ergab ein kräftiges Mahl. Ähnliche Gerichte sind auch aus anderen Ländern bekannt, so zum Beispiel als Irish Stew in Irland, wo es als ausgesprochenes Arme-Leute-Essen galt.

ZUTATEN (für 4-6 Portionen)

1 kg	Lammfleisch
1 kg	Wirsingkohl
500 g	Kartoffeln
2 Stangen	Lauch
2	Karotten
2	Zwiebeln
2	Knoblauchzehen
	Kümmel, Salz und Pfeffer
	Salz und frischer schwarzer Pfeffer
1 Bund	Petersilie
1	Lorbeerblatt
1 l	Fleischbrühe

ZUBEREITUNG

- Das Lammfleisch, am besten ein Nackenstück, in gulaschgroße Würfel schneiden.

- Den Kohl von den äußeren Blättern befreien, putzen und vierteln, den Strunk herausschneiden und den Kohl in Streifen schneiden.

- Die Kartoffeln waschen und schälen, den Lauch putzen und waschen, die Karotten schälen und alles in Scheiben schneiden.

- Die Zwiebeln schälen und würfeln, den Knoblauch und die Petersilie fein hacken.

- Den Schmortopf vorbereiten: Zunächst zuunterst eine Lage Kohl in den Topf geben, darauf die Lammwürfel verteilen, etwas Zwiebeln, Knoblauch, Kümmel, Salz und Pfeffer darüber geben, dann wiederum mit Fleisch sowie Kartoffeln, Lauch und Möhren abdecken, erneut eine Lage Kohl darauf schichten usw. – dabei jede Schicht erneut würzen. Als abschließende Schicht kommt eine Lage Kohl mit dem Lorbeerblatt darauf.

- Den Inhalt des Schmortopfes mit der Brühe angießen.

- Den Topf zudecken und das Gericht im vorgeheizten Backofen bei 175° Celsius etwa 1,5 Stunden garen.

- Den Deckel abnehmen und den Inhalt offen weitere 30 Minuten fertig garen.

Lammlachse

Der Lachs zählt zu den Edelteilen des Lamms. Es handelt sich um das vom Knochen ausgelöste zarte Fleisch vom Kotelettstrang, das etwas heller als das ähnlich geformte, benachbarte Filet ist. Der Lachs ist fast genauso mager und frei von Sehnen, kann aber auf der Außenseite noch eine dünne Silberhaut tragen, die vor der Zubereitung entfernt wird. Am besten werden Lachse kurzgebraten oder gegrillt. Da der Lammlachs sehr schnell trocken wird, bereitet man es in der Regel im Stück zu und schneidet es erst kurz vor dem Servieren in Scheiben. Es harmoniert sehr gut mit mediterranen Kräutern wie Rosmarin, Thymian oder Kräutern der Provence.

ZUTATEN (für 4 Personen)

4	Lammlachse (à 150 g)
2	Knoblauchzehen
40 g	getrocknete Tomaten (in Öl)
4 Zweige	Rosmarin
10	Schalotten
	Salz, Pfeffer
2 El	Olivenöl
20 g	Butter
1 kg	festkochende Pellkartoffeln
4	Zitronenscheiben (unbehandelt)

ZUBEREITUNG

- Die Knoblauchzehen in dünne Scheiben, die Tomaten in Streifen, die Schalotten in Ringe schneiden und die Rosmarinnadeln hacken.

- Die Kartoffeln in der Schale in Salzwasser garen.

- Die Lachse im heißen Öl von jeder Seite 2 bis 3 Minuten braten, dann mit Salz und Pfeffer würzen.

- Das Fleisch aus der Pfanne nehmen und in Alufolie wickeln.

- Die Butter im Bratfett schmelzen, Knoblauch, Tomate und Schalotten darin glasig dünsten und Rosmarin zugeben.

- Die Kartoffeln ausdämpfen, mit einem scharfen Messer in dicke Scheiben schneiden, einige Minuten im Fett schwenken und mit Salz und Pfeffer würzen.

ANRICHTEN

- Die Lammlachse in Scheiben schneiden, mit Zitronenscheiben garnieren und den Kartoffeln servieren.

Vischelbachtal

Der Vischelbach, ein linker Zufluss der Ahr, der an der Nordseite des Kreuzberger Burgberges mündet, bildet neben dem Langfigtal noch eines der weitgehend intakten Täler in diesem Bereich der Eifel. In seinem Einzugsbereich findet man noch geschlossene Waldareale mit über 100jährigen Eichen und noch älteren Buchenbeständen sowie nicht mehr regelmäßig bewirtschaftete Waldflächen. Hier gibt es noch größere Bestände an Altholz bewohnenden Vogelarten wie den Schwarzspecht, Grünspecht, Grauspecht und die Hohltaube. Hainmieren-Erlen-Auenwald und Bruchwald mit wechselnder Hochstaudenflur begleiten die Talsohle. Der glasklare Bach ist unter anderem die Heimat der Wasseramsel. Der Vischel-bach selbst ist Laichgewässer der Bachforelle und Äsche. Zahlreich ist die Insektenfauna mit der Blauflügel-Prachtlibelle und der Gebänderten Prachtlibelle. An die 700 Käferarten gibt es in diesem Teil der Eifel! Die bachbegleitenden Wiesen weisen eine große Vielfalt an Pflanzen auf, darunter auch solche, die auf der „Roten Liste" stehen. Da findet man Akelei, Kuckucks-Lichtnelke, Wiesen- bzw. Schlangenknöterich, in sumpfigen Bereichen Mädesüß, Wasserdost, Gemeinen Gilbweiderich, Blut-Weiderich und im Großseggenried neben Seggen, Sumpfdotterblume, Wald-Simse, Wollgras oder breitblättriges Knabenkraut. Sogar die Trollblume ist hier beheimatet.

Von Kreuzberg aus mit seiner hoch aufragenden Burg

führt ein schattiger Weg zunächst durch bachbegleitende Wiesen zwischen dem Ditschhart zur Rechten und dem Schildkopf zur Linken. Diese Wiesen werden regelmäßig durch eine ortsansässige Schafherde beweidet. Weiter bachaufwärts geht es durch den imposanten Vischelbachwald, bis sich das Tal weitet und der Wald an den Hängen in Wiesen übergeht. Oberhalb dieser Wiesen erhebt sich Haus Vischel, ein Herrensitz, der in seinen Ursprüngen zu den ältesten Burgen der Ahrregion zählt. Als Wasserburg auf den Grundmauern der 1115 zerstörten Burg errichtet, wandelte sich Burg Vischel im Laufe der Jahrhunderte immer mehr zu einem Gutsbetrieb, der erst zu Beginn des 19. Jahrhunderts durch den Bau des klassizistischen Wohngebäudes einen neuen Akzent erhielt.

Burg Kreuzberg an der Mündung des Vischelbachs in die Ahr gehört zu den beeindruckendsten Burganlagen der gesamten Eifel. Auf dem Kreuzberg hatten schon im 8. Jahrhundert Prümer Benediktinermönche ein Kreuz errichtet, wovon sich der Name der Burg auf dem Felsen und des Ortes darunter ableitet. Mit der Are-Hochstaden'schen Schenkung im Jahre 1246 kam der gesamte Ahrgau unter kurkölnische Herrschaft. Cuno von Fischenich, ein getreuer Gefolgsmann der Kölner Erzbischöfe, wurde mit dem Kreuzberg und den dazu gehörigen Ländereien belehnt. Mit Zustimmung des Kölner Erzbischofs Walram von Jülich errichtete er Mitte des 14. Jahrhunderts auf dem Kreuzberg eine Höhenburg auf dreieckigem Grundriss mit einem runden Bergfried, der mit der Burgmauer die Zufahrt sicherte – an den anderen Seiten fällt der Kreuzbergfelsen steil ab. Die 1686 von französischen Truppen Ludwig XIV. zerstörte Burg wurde im darauf folgenden Jahrhundert als Schloss neu errichtet, so wie sie sich auch heute noch präsentiert.

Kalbsfrikassee

ZUTATEN (für 4 Personen)

1 kg	Kalbsbrust
1	Möhre
2	Zwiebeln
1	Lorbeerblatt
600 g	Palerbsen
30 g	Mehl
30 g	Butter
200 ml	Sahne
	Salz, gemahlener Pfeffer
	Zitronensaft

ZUBEREITUNG:

- Das Fleisch abbrausen, die Möhre putzen, die Zwiebeln schälen und vierteln.

- Alles zusammen in 750 ml Wasser mit dem Lorbeerblatt, Salz und Pfeffer aufkochen, dann zugedeckt 1,5 Stunden zugedeckt garen.

- Die Erbsen entschoten und in Salzwasser etwa 5 Minuten garen, abgießen, abschrecken und abtropfen lassen.

- Das Fleisch aus der Brühe nehmen, diese durchsieben und 375 ml abmessen.

- Das Mehl in der Butter anschwitzen und unter Rühren mit der durchgesiebten Brühe ablöschen.

- Die Sauce, aufkochen, die Sahne zugeben und weitere 5 Minuten köcheln lassen.

- Die Sauce mit Salz, Pfeffer und Zitronensaft abschmecken.

- Das Fleisch vom Fett befreien und würfeln und mit den Erbsen in der Soße erhitzen.

ANRICHTEN

- Zu jedem Frikassee schmeckt am besten Reis. Das Frikassee auf Teller geben, dazu den Reis und das Ganze mit Schnittlauchröllchen oder gehackter Petersilie garniert servieren.

- Anstelle von Palerbsen lassen sich auch Erbsen aus der Dose (extra fein) verwenden.

ES GACKERT UND SCHNATTERT
Eier- und Geflügelgerichte

Hühner, Enten, Gänse und Täubchen sind die
Lieblingsspeisen vieler Rheinländer.

Martinsgans

ZUTATEN (für 4 Personen)

1	Gans
750 g	Äpfel
250 g	Backpflaumen
2 EL	Zucker
	Paniermehl
5 EL	Sahne
	Mehl
	Geflügelfond
	Salz, Pfeffer, Zimt

ZUBEREITUNG

- Die küchenfertig gekaufte und mit einem Faden umwickelte Gans sorgfältig waschen, trocken tupfen und von innen salzen.

- Die Trockenpflaumen einweichen, die Äpfel bis auf zwei schälen, entkernen, in kleine Stücke würfeln, mit den Pflaumen vermischen und mit Zucker, etwas Paniermehl und Zimt abschmecken.

- Die Gans mit der Masse füllen und die offene Seite zunähen.

- In die Fettpfanne des Backofens drei Tassen Wasser und die beiden letzten Äpfel geteilt, geschält und entkernt geben.

- Die gefüllte Gans auf einen Bratrost legen und im vorgeheizten Ofen auf der untersten Schiene bei 200° Celsius zweieinhalb Stunden braten und dabei immer wieder mit dem Bratensaft begießen.

- Nach der halben Bratzeit die Haut unterhalb der Keule einstechen, um das Fett ausbraten zu lassen.

- Zehn Minuten vor Ende der Garzeit die Gans mit kaltem Salzwasser bestreichen und bei 250° Celsius abschließend knusprig braten.

- Die Sauce in der Fettpfanne mit Geflügelfond auffüllen, mit Sahne und Mehl binden und mit Salz und Pfeffer abschmecken und zehn Minuten aufkochen lassen.

ANRICHTEN

- Die Fäden von der Gans entfernen und die Gans tranchieren.

- Zur Martinsgans werden traditionell Kartoffel- oder Semmelknödel und als Beilage Rotkohl gereicht.

Der Heilige Sankt Martin

Martin von Tours war zunächst Soldat in der römischen Armee und wurde 372 der dritte Bischof von Tours, in dessen Nähe er am 11. November 397 nach einem über 80jährigen, vorbildhaft asketischen Leben verstarb. Der Legende nach hat er vor dem Stadttor von Amiens seinen Militärmantel mit seinem Schwert geteilt, um die andere Hälfte einem armen Bettler zu überreichen. In der folgenden Nacht sei ihm dann im Traum Christus erschienen, bekleidet mit dem halben Mantel, den Martin dem Bettler gegeben hatte. Bald rankten sich immer mehr Legenden um Martin wie Krankenheilungen und Erweckung von Toten. Als man ihn zum Bischof von Tours ernennen wollte, versteckte er sich in einem Gänsestall, weil er sich dieses Amtes als unwürdig empfand. Doch das Gänsegeschnatter verriet ihn. Heute ist der 11. November „Martinstag", und das traditionelle Gänseessen geht auf diese Legende zurück.

Im ausgehenden Mittelalter verbreitet sich der Martinsbrauch immer weiter. Da Martins Leichnam in einer Lichterprozession mit einem Boot nach Tours überführt wurde, werden heute vor allem von den Kindergärten Laternenumzüge veranstaltet. Doch früher ging es rauer zu. Am Martinstag entzündetem die Jugendlichen Martinsfeuer und zogen Gaben heischend durch die Orte. Das Treiben wurde immer bunter, so dass die Obrigkeit das Brauchtum „organisierte". Nunmehr nahmen die Erwachsenen das Martinsfest selbst in die Hand, organisierten Martinskomitees und veranstalteten Lichterumzüge. Diese neue Gestaltung des Martinsfestes entfaltete sich am Niederrhein über Düsseldorf, dann über Köln und Bonn bis zum Mittelrhein, an die Mosel und in die Eifel. Unberührt blieb davon der Brauch, am Martinstag eine Gans zu verspeisen.

Brathuhn

Hühner gab es früher in jedem Haushalt. Auf dem Land sowieso, auch in den Orten und Städten. Alle Häuser, und waren sie noch so klein, hatten einen Hof oder einen Garten, wo das Futter für die Hühner wuchs. Außerdem konnte man sie auch mit Küchenabfällen großziehen. Geschlachtet wurden die Hühner allerdings erst, wenn sie keine Eier mehr legten, also alt und zäh waren. Die Junghähne wurden meist verkauft. Heutige Hühner aus Freilandhaltung, beim Bauern gekauft, sind ein wahrer Genuss! Unterschieden werden:

Hähnchen: Sie wiegen bei Mastende mit 7-8 Wochen bratfertig 700-1.200 Gramm.

Poularden: Wiegen bratfertig über 1.200 Gramm.

Suppenhühner: Werden nach der Geschlechtsreife in einem Alter von ca. 1,5 Jahren geschlachtet, in erster Linie für Legezwecke – sie sind aber keinesfalls mit früheren „Gummiadlern" vergleichbar, sollten aber tatsächlich kräftigen Suppen oder etwa Frikassee vorbehalten bleiben.

ZUTATEN (für 4 Personen)

1	Poularde (1.200 g)
6 El	Öl
	Cayennepfeffer, edelsüsses Paprikapulver, Salz
	Thymian, Basilikum
1 EL	Honig

ZUBEREITUNG

- Die Poularde mit dem Öl bestreichen.

- Thymianblätter und Basilikumnadeln vom Ast streifen.

- Kräuter und Gewürze vermengen und die Poularde damit kräftig rundherum einreiben und von innen salzen.

- Die Poularde in eine Bratform geben und im vorgeheizten Backofen 30 Minuten bei 180° Celsius braten.

- Nunmehr die Poularde umdrehen und weitere 40 Minuten braten, dabei 20 Minuten vor Ende der Garzeit etwas Butter hinzugeben.

- Am Ende der Bratzeit Honig in den Sud geben.

- Die Poularde aus dem Ofen nehmen und mit der Geflügelschere tranchieren, die Sauce in eine Sauciere füllen, die Geflügelteile auf Teller geben, Petersilienkartoffeln und ein Gemüse (z.B. Zucchini, Fenchel oder Karotten) dazu reichen.

ANMERKUNG

- Bei diesem Rezept sollte man sich das Begießen der Poularde mit dem Bratfett sparen, sie wird außen knusprig und innen zart und saftig sein.

Gebratenes Täubchen

Tauben gehören zum so genannten Niederwild, das im Gegensatz zum Hochwild nicht weniger den herrschaftlichen Jagdbeschränkungen unterlag. Insofern gab es auch bei den einfachen Leuten gelegentlich einen Taubenbraten auf dem Tisch. Übrigens werden bei den winterlichen Treibjagden im Rheinland alljährlich über 100.000 Wildtauben geschossen.

ZUTATEN (für 4 Personen)

4	küchenfertige Tauben
1 EL	Semmelbrösel
1 TL	Mehl
1/4 l	Geflügelbrühe
1	kleines Bund Suppengrün
2	Zwiebeln
200 g	Butter
	Salz, Pfeffer
	Weißwein oder Sauerrahm

ZUBEREITUNG

■ Die Täubchen waschen und trocken tupfen.

■ Die Täubchen von außen und innen gut salzen, pfeffern und mit Küchengarn in Form binden.

■ Die Butter in einem Bräter schmelzen und die Tauben ringsum darin anbraten.

■ Die Täubchen herausnehmen und beiseite stellen.

■ Das Suppengemüse putzen, würfeln und mit den Semmelbröseln hellgelb andünsten. Die Täubchen wieder hinzufügen.

■ Den Bräter in den vorgeheizten Backofen geben und die Täubchen bei 200° Celsius 15-20 Minuten gar braten, dabei des Öfteren begießen.

■ Den Bräter aus dem Backofen holen, die Täubchen herausnehmen und in Alufolie packen.

■ Den Fond mit Geflügelbrühe 5 Minuten einköcheln lassen.

■ Die Sauce passieren, mit dem Mehl binden und mit etwas Wein oder saurem Rahm abschmecken.

Duvejeck

ANRICHTEN

- Die Täubchen mit der Geflügelschere halbieren, auf einer Platte anrichten und die Sauce extra dazu geben.

- Zum gebratenen Täubchen passen Salzkartoffeln und Rosenkohlgemüse.

Der *Duvejeck* ist ein Mensch, der nur für seine Brieftauben lebt. Brieftauben zu züchten ist ein Hobby, das im Rheinland weit verbreitet ist. Es ist ein Hobby der einfachen Leute, weshalb Brieftauben auch als „Rennpferd des kleinen Mannes" bezeichnet werden. Die Taubenzüchter sind in Vereinen fest organisiert. Die Vereine tragen auch Wettkämpfe aus – Tauben sind nämlich dank ihres hervorragend ausgebildeten Orientierungssinnes in der Lage, von einem einige 100 Kilometer entfernten Ort zielsicher den heimatlichen Schlag anzusteuern, und das mit einer ganz beachtlichen Geschwindigkeit von bis zu über 1600 m/min. Die Wettflüge ermöglichen den teilnehmenden Züchtern, die Leistungsfähigkeit ihrer Tauben mit Tauben anderer Züchter zu vergleichen.

Bei den Brieftauben handelt es sich als Haustaube um die domestizierte Form der Felsentaube (*Columba livia*), deren ursprüngliche Heimat der Mittelmeerraum ist. Die Brieftaube ist die zur Nachrichtenübermittlung eingesetzte Haustaube – Nachrichtenübermittlung auf diese Weise ist seit der Antike bekannt. Und die heute fast über die ganze Erde verbreitete Straßentaube ist wiederum die verwilderte Form der Haustaube.

Gefüllte Ente mit Orange

ZUTATEN (für 4 Personen)

1	frische, küchenfertige Ente
1 St.	Ingwerwurzel
2	Knoblauchzehen
2	Schalotten
3	unbehandelte Orangen
3 EL	Honig
	Zimt, Pfeffer, Salz
1/2 Tasse	Hühnerbrühe
etwas	Sahne

zum Begießen
3 EL	Orangensaft
2 EL	Honig
etwas	Essig

ZUBEREITUNG

■ Den Ingwer, Knoblauch und die Schalotten schälen und fein hacken.

■ Die Schale einer Orange abreiben, dann den Saft aus zwei Orangen auspressen.

■ Den Saft mit dem Honig, der Hühnerbrühe, der Orangenschale, dem Zimt, dem Ingwer, dem Knoblauch und den Schalotten mischen und in einem Topf aufkochen.

■ Die Ente mit Salz und Pfeffer würzen, die Halsöffnung der Ente mit Holzspießchen zustecken.

■ Die Ente in einen passenden Bräter legen, die Marinade durch die Bauchöffnung eingießen, diese verschließen und im vorgeheizten Backofen 75 Minuten bei 200° Celsius braten.

■ Zum Begießen den Orangensaft mit dem Honig und Essig gut mischen.

■ Während der Bratzeit die Ente mehrmals wenden und dabei mit dem Sud begießen.

■ Nach dem Braten die Ente warm stellen.

■ Vom Bratensaft das Fett abschöpfen und die Sauce einkochen lassen, mit Sahne verfeinern und nochmals abschmecken.

ANRICHTEN

■ Die Ente auf eine vorgewärmte Platte geben und mit den aus der dritten Orange geschnittenen Scheiben garnieren.

■ Als Beilagen passen Kartoffeln mit Kohlgemüsen.

Die immer knapper werdenden Mittel zur besseren Ausstattung von Schulen brachte das Leichlinger Gymnasium auf die Idee, über ein Entenrennen Sponsorengelder einzunehmen. So kam man auf die Idee, alljährlich ein Entenrennen auf der Wupper durchzuführen. Der Start des Rennens ist an der Leichlinger Fußgängerbrücke am Pastorat, das Ziel ist die Henley-Brücke. Genau genommen werden zwei Rennen durchgeführt: das Sponsorenrennen und das Hauptrennen.

Von Sponsoren gestiftete Plastikenten werden von Kindergartengruppen und Grundschulklassen dekoriert. Die dekorierten Enten stehen anschließend zwei Wochen lang in den Schaufenstern der Sponsoren, bevor sie dann am Renntag an den Start gehen. Die Siegerente gewinnt einen Geldpreis für die dekorierende Gruppe. Außerdem wird die schönste Ente von einer Jury preisgekrönt. Für das Hauptrennen schwimmen an die 4.000 gelbe Plastic-Race-Ducks auf der Wupper, jede mit einer Nummer versehen. Für jede Ente kann ein Patenschaftsbrief für einige Euro erworben werden. Der Sieger gewinnt einen Preis, dazu gibt es viele „Trostpreise". Der Erlös kommt dem Städtischen Gymnasium zugute. Vom Wupperufer und von den Leichlinger Brücken aus verfolgten Tausende Schaulustige das Spektakel.

Gefüllte Eier

Durch die weit verbreitete Geflügelhaltung nicht nur im ländlichen Rheinland haben dort auch Eierspeisen eine lange Tradition. Vor allem Hühner konnte man mit Küchenabfällen hervorragend füttern. Außerdem waren sie leicht zu halten, was ihre große Verbreitung erleichterte. Die Hühner wurden überwiegend auf dem Markt verkauft, die Eier trugen zur Bereicherung der früher oft einseitigen Kost bei.

Gefüllte Eier sind eine Rezeptvariante, die der Küchenphantasie keine Grenzen setzt. Das Grundrezept lautet: Eier 10 Minuten hart kochen, pellen und der Länge nach halbieren, dann das Eigelb vorsichtig aus dem Eiweiß lösen und in eine Schüssel geben. Das Eigelb stellt dann die Grundlage für herzhaft-pikante Massen dar, die in die Eihälften gefüllt und raffiniert dekoriert werden. Zum Einfüllen nimmt man am besten einen Spritzbeutel oder einen Gefrierbeutel, dessen untere Ecke man abgeschnitten hat.
(Die Rezepte gelten jeweils für 10 hart gekochte Eier.)

ANMERKUNG

■ Zu allen Rezepten passt gebackenes Brot.

■ Das Eigelb lässt sich besser verarbeiten, wenn man es vor dem Verrühren durch ein Sieb streicht.

■ Damit die Eihälften auf den Tellern nicht verrutschen, kann man sie auf ein Bett aus frischen Kräutern setzen. Alternativ schneidet man an der Unterseite der Eihälfte ein kleines Stück zur Standfestigkeit ab – die Stücke werden klein gewürfelt und zu den Eigelb gegeben.

■ Bleibt beim Einfüllen der Eihälften etwas von der Masse übrig, kann diese als Brotaufstrich verwendet werden.

ZUTATEN

ZUBEREITUNG

Variante 1

10	Eier
2 EL	Mayonnaise
1 EL	Senf
	Gewürzgurkensaft
	Salz, Pfeffer
	Kaviar zur Garnitur

■ Das Eigelb mit Mayonnaise und Senf mit dem Rührstab vermengen, salzen und pfeffern.

■ Ist die Masse zu fest oder klumpig, mit etwas Gurkenbrühe geschmeidig machen.

■ Die Masse in einen Spritzbeutel füllen und die Eihälften damit auffüllen.

■ Zur Garnitur etwas Petersilie darauf geben.

Variante 2

3 EL	Joghurt-Salatcreme
2 TL	Senf
150 g	Doppelrahmfrischkäse
	Salz, Pfeffer, Zucker
	Lachsschinkenstreifen zur Garnitur

■ Das Eigelb mit der Salatcreme, Senf, Frischkäse und den Gewürzen verrühren.

■ Die Masse in einen Spitzbeutel mit Sterntülle füllen und in die Eihälften spritzen.

■ Jede Eihälfte mit Schinkenstreifen garnieren.

Variante 3

3 EL	Frischkäse
5 EL	Orangensaft
	Salz, Pfeffer
	eingelegter roter Pfeffer

■ Das Eigelb mit dem Frischkäse und Orangensaft zu einer glatten Masse verrühren, salzen und pfeffern.

■ Die Masse in die Eihälften füllen.

■ Die Eihälften mit Pfefferkörnern dekorieren.

ZUTATEN

ZUBEREITUNG

Variante 4

1 Dose	Thunfisch in Öl
1	kleine Zwiebel
1/2 EL	Mayonnaise
	Curry, Pfeffer, Salz
	Paprikapulver

■ Das Öl vom Thunfisch abgießen und den Thunfisch mit dem Eigelb verrühren. Die Zwiebel sehr fein würfeln und zum Thunfisch geben.

■ Alles zusammen mit der Mayonnaise zu einer geschmeidigen Creme rühren, mit Curry, Pfeffer und Salz leicht würzen.

■ Die Masse in einen Spritzbeutel mit großer Sterntülle füllen und in kleinen Häufchen in die Eihälften spritzen.

■ Die restliche Thunfischcreme mit wenig Crème Fraîche verlängern und als Dip dazu reichen.

Variante 5

100 g	roher Schinken
½ Glas	Champignons
3	kleine Essiggurken
1	kleine Zwiebel
2 EL	Salatmayonnaise
1 TL	Senf
	Salz, Pfeffer
	Petersilie
	Tomatenmark aus der Tube

■ Die Zutaten fein würfeln, zu dem Eigelb geben und alles mit einer Gabel zerdrücken, vorsichtig salzen, pfeffern.

■ Senf und Salatmayonnaise löffelweise unterheben, bis die Masse eine feste Konsistenz erhält.

■ Die Masse in einen Spritzbeutel mit großer Sterntülle füllen und die Eiweißhälften damit füllen.

■ Abschließend werden die Eihälften abwechselnd mit einem Petersilienblättchen und einem Tupfer Tomatenmark direkt aus der Tube verziert.

ZUTATEN

Variante 6

2 geh. EL	Mayonnaise
1 gr. TL	Senf
	Salz, Pfeffer, Zucker
	Salatblätter
10	eingelegte Sardellenfilets
10	Cornichons
einige	Cocktailtomaten
	gehackter Dill

■ Das Eigelb mit der Mayonnaise und dem Senf zu einer geschmeidigen Masse verrühren.

■ Die Masse mit Salz, Pfeffer und Zucker würzen.

■ Die gewürzte Masse in einen Spritzbeutel mit großer Sterntülle füllen und in die Eihälften drücken.

■ Die Salatblätter waschen und abtropfen lassen, die Sardellenfilets trocken tupfen, die Cornichons abtropfen lassen und in Streifen schneiden, die Cocktailtomaten waschen und halbieren.

■ Die Eihälften auf den Salatblättern anrichten, mit Sardellenfilets, Cornichonstreifen und Tomatenhälften garnieren und mit Dill bestreuen.

Variante Solei

Soleier sind in konzentrierter Kochsalzlösung eingelegte, hart gekochte Eier, die früher gern in kölschen Kneipen als Snack zum Bier angeboten wurden – leider sind Soleier aus der Mode gekommen.

ZUTATEN

ca. 10	Eier
	Zwiebelschalen
	Senf zum Füllen

ZUBEREITUNG

■ Reichlich Wasser mit Zwiebelschalen aufsetzen, 15 Min köcheln, bis das Wasser braun gefärbt ist.

■ Die Zwiebelschalen entnehmen.

■ Eier mit einer Nadel anstechen, damit sie nicht platzen, und in dem braunem Wasser gut 10-15 Min kochen, bis sie hart sind.

■ Die Eier herausnehmen, mit kaltem Wasser abschrecken und auskühlen lassen.

■ Nunmehr Salzwasser aufsetzen, 5 Min kochen und dann abkühlen lassen.

■ Die Schale der Eier so anknicken, dass sie rundum Risse bekommen, dann die Eier in ein hohes Glasgefäß geben und die kalte Salzlake darüber gießen.

■ Abschließend die Eier 36 Stunden ziehen lassen.

■ Zum Verzehr gibt es die klassische Kneipen-Würzkombination: in die Hälfte der geschälten, halbierten Eier, deren Eigelb entnommen wurde, eine Masse aus Senf und dem Eigelb einfüllen und eine leere Eihälfte als Hütchen darauf geben – guten Appetit!

AUS FELD UND WALD
Wildgerichte

Die abwechslungsreiche Landschaft des Rheinlandes mit großen Wäldern, eingebetteten Wiesen und Äckern bietet Lebensraum für eine vielfältige Tierwelt. Hier sind überall Rotwild, Schwarzwild, Damwild sowie Hasen und Kaninchen zu Hause. Wildgerichte gehören daher traditionell in die rheinische Küche.

Der Kottenforst

Der Kottenforst, der sich westlich von Bonn über große Teile der Ville erstreckt, ist das historische Jagdrevier der Kölner Kurfürsten. In dieses Waldareal mit Eichen-, Buchen- und Nadelholzbeständen sind zahlreiche wertvolle Biotope mit artenreichen Beständen heimischer Flora und Fauna, zwei Naturwaldzellen und noch sichtbare Relikte einstiger Waldweidewirtschaft eingebettet. Bereits die Römer siedelten am Rand des Kottenforstes, der in einer fränkischen Urkunde aus dem Jahr 973 als „Königsforst" ausgewiesen ist. Im frühen Mittelalter war der Kottenforst im Besitz der Abtei Siegburg. Im 16. Jahrhundert ging er an die Kölner Kurfürsten, deren Jagdbegeisterung zur Waldsicherung des Kottenforstes führte. Am nachhaltigsten drückte Kurfürst Clemens August (1723-61) dem Kottenforst seinen Stempel auf. Er ließ das heute nicht mehr existierende Jagdschloss Herzogsfreude in Röttgen errichten, vom dem aus er ein sternförmiges Wegenetz durch den Wald für die von ihm bevorzugten Parforcejagden anlegen ließ. Diese Wege bilden bis heute die wichtigsten Wanderwege im Kottenforst. Während der französischen Besatzungszeit zur Wende des 19. Jahrhunderts wurde radikaler Raubbau an seinen Baumbeständen betrieben, der erst in preußischer Zeit wieder unterbunden wurde. Die Preußen forsteten das Areal auf, dies überwiegend mit Fichten, die seither im Rheinland auch als „Preußenbäume" bezeichnet werden. Heute ist nachhaltige, naturnahe Waldwirtschaft das Leitbild der Förster, und deshalb überwiegen auch wieder Laubbaumbestände im Kottenforst.

Übrigens ist der Rotwildbestand von den Franzosen, die 1794 das linke Rheinufer besetzten, abgeschossen worden, um das Fleisch an die Bonner Bevölkerung zu verteilen – als Akt der Revolutionstruppen gegen die vormaligen herrschaftlichen Jagdrechte. Nach der Franzosenzeit wurde durch die preußische Forstverwaltung Damwild eingesetzt, das auch heute noch den Kottenforst bevölkert.

Jägerhäuschen

Das Jägerhäuschen wurde um 1750 im Kottenforst als eine der Relaisstationen zum Pferdewechsel für die Parforcejagden des Kurfürsten Clemens August gebaut. Es liegt genau im Schnittpunkt der Merler Bahn, einem der sternförmigen Wege im Kottenforst, mit dem Professorenweg, einem der Querwege dieses sternförmigen Systems. Hier konnten die Pferde gewechselt werden. Das Jägerhäuschen enthält neben dem kleinen Aufent-haltsraum für die Jagdhelfer auf der linken Seite einen größeren Pferdestall auf der rechten Seite des Gebäudes. Nachdem Kurfürst Clemens August im Jahr 1761 verstorben war, wurden keine Parforcejagden mehr im Kottenforst durchgeführt, das nunmehr nicht mehr benötigte Jägerhäuschen verfiel. Längst hat das zuständige Forstamt das Jägerhäuschen renoviert und seine Pflege übernommen.

Kaninchenbraten

ZUTATEN (für 4 Portionen)

1 kg	Kaninchenteile
100 g	Speckscheiben
1 Bund	Suppengrün
	Tomatenmark
1	Zwiebel
1/2 l	Brühe
1 TL	Majoran
3 EL	Senf
1 EL	Wacholderbeeren
	Salz, Pfeffer
	Saucenbinder

ZUBEREITUNG

- Die Kaninchenteile waschen, trocken tupfen, mit Salz und Pfeffer einreiben und mit dem Senf bestreichen.

- Die Speckscheiben in einer großen Pfanne ausbraten, Tomatenmark dazu geben und die Kaninchenteile darin scharf anbraten.

- Das Suppengrün putzen und würfeln, die Zwiebeln schälen und klein schneiden und alles in der Pfanne kurz mit braten.

- Den Pfanneninhalt mit der Brühe ablöschen, Gewürze hinzugeben und das Fleisch in ca. 30 Minuten garen lassen, evtl. etwas Brühe nachgießen.

- Die Kaninchenteile aus der Pfanne nehmen und im Backofen kurz knusprig bräunen.

- Die Sauce mit dem Suppengrün durch ein relativ grobes Sieb streichen und evtl. noch mit Saucenbinder andicken.

ANRICHTEN

- Als Beilage eignen sich Nudeln, Klöße oder Petersilienkartoffeln. Dazu passt auf jeden Fall ein gemischter Salat.

Wildschweingulasch

Wildschweine sind in den rheinischen Wäldern und Fluren häufig anzutreffen. Ihr Fleisch kann zu großartigen Braten, saftigen Steaks und pikanten Ragouts verarbeitet werden. Das zarteste Fleisch liefern Frischlinge, höchstens 15 Monate alte Jungtiere mit einem Gewicht von bis zu 30 Kilogramm. Bis zu zweijährige Überläufer erreichen 40 Kilogramm Gewicht. Sauen können bis zu 200 Kilogramm schwer werden. Ihr Fleisch sollte man auf jeden Fall beizen, Eberfleisch ist zu meiden. Am schmackhaftesten ist frisches Wildschweinfleisch im November und Dezember, wenn sich die Tiere an Eicheln im Wald satt gefressen haben.

ZUTATEN (für 6 Portionen)

2 kg	Wildschweingulasch
2	Zwiebeln
3	Knoblauchzehen (halbiert)
4	Nelken
2	Karotten
	Salz, Pfefferkörner, gemahlener Pfeffer, Thymian, Lorbeerblätter
	ein wenig Orangeschale
100 ml	Essig
etwas	Olivenöl
1 l	guter Rotwein
2 EL	Mehl

ZUBEREITUNG

■ Die Zwiebeln, die halbierten Knoblauchzehen, die Nelken, die in Scheiben geschnittenen Karotten mit Salz, Pfeffer, Thymian, den Lorbeerblättern, den Orangenzesten und dem Essig, dem Olivenöl und dem Rotwein zu einer Marinade vermengen.

■ Das Wildschweingulasch 24 Stunden in der Marinade durchziehen lassen.

■ Das Fleisch abtropfen lassen, in einem Bräter anbraten und dann die Marinade mit etwas Wasser hinzufügen.

■ Falls erforderlich, die Sauce nochmals abschmecken und – wenn nötig – nachwürzen.

■ Das Fleisch 3,5 Stunden bei geschlossenem Deckel schmoren.

■ Das Mehl in ein wenig Bratensaft auflösen und hinzufügen.

■ Abschließend das Gulasch noch ca. 30 Minuten zu Ende schmoren.

ANRICHTEN

■ Zum Wildschweingulasch passen Bandnudeln.

Südlich von Rheinbach erstreckt sich der 800 Hektar große Rheinbacher Stadtwald als Teil des Naturparks Kottenforst-Ville im Übergang von der Zülpicher Börde zu den bewaldeten Randhöhen der Nordeifel. Die vielen kleinen Bachläufe, die zu zahlreichen kleinen Weihern aufgestaut sind, und Bergrücken mit teilweise über 300 Meter hohen Kuppen geben dem weitgehend geschlossenen Waldareal den Charakter einer Hügellandschaft, die als Naherholungsgebiet eine hohe Besucherfrequenz aufweist. Zur großen Attraktivität dieses Stadtwaldes gehört zweifelsohne sein vielfältiger Baumbestand, dominiert von Eichen- und Buchenbeständen, die teilweise über 100 Jahre alt sind.

Über 100 Kilometer gekennzeichnete Wanderwege durchziehen den Stadtwald und führen zu den Quellen, Weihern und Aussichtspunkten – dies alles stört den Wildbestand im Stadtwald offensichtlich nicht. Hier werden im Herbst und Winter Treibjagden auf Wildschweine durchgeführt, deren Bestand inzwischen Überhand gewonnnen hat.

Aber nicht nur Wildschweine sind für den Rheinbacher Stadtwald maßgeblich. Hier gibt es zwei historisch bedeutende mittelalterliche Ruinen, so die der Tomburg und der Waldkapelle.

Die Herren der Tomburg hatten im Mittelalter weit überregionale Bedeutung. Ihre Festungsanlage hatten sie auf einem 320 Meter hohen Basaltkegel am Rande des heutigen Rheinbacher Stadtwaldes an der Aachen-Frankfurter-Heerstraße errichtet, die hier den Weg durch das Swistbachtal nahm. Doch Zwistigkeiten mit den Nachbarterritorien und Erbauseinandersetzungen drängten die Tomburger in die Bedeutungslosigkeit. Und so suchten sie als Raubritter ihre Situation zu verbessern. Doch irgendwann waren es die Jülicher leid, am 7. September 1473 zerstörten Truppen des Herzogs von Jülich die Tomburg. Seither ist sie als Ruine auf dem Tomberg verblieben.

Auf dem Weg durch den Stadtwald von Rheinbach nach Todenfeld trifft man auf die kleine Waldkapelle, die in der 2. Hälfte des 17. Jahrhunderts als Wallfahrtstätte und Gebetshaus eines kleinen Franziskanerklosters errichtet wurde. Sie steht auf einer ovalen Lichtung, umgeben von zwölf Kreuzwegstationen. 1714 übernahmen Serviten von der Bonner Kreuzbergkirche das Kloster, dessen Ende mit der Säkularisation kam. Zunächst dienten die Gebäude als Waldgaststätte, bis sie 1847 für Wallfahrten wieder instand gesetzt wurden. Nach starkem Verfall konnte nach dem Zweiten Weltkrieg die kleine Kapelle, die bis heute Betende anzieht, restauriert werden.

171

Wildschweinbraten

Wildfleisch kann man im Lebensmittelhandel oder aber direkt bei den vielen rheinischen Forstämtern, egal ob privat oder öffentlich, kaufen. Zu den privaten Anbietern von Wildfleisch und Wildfleischprodukten zählt beispielsweise die Wildkammer von Schloss Arenfels.

ZUTATEN (für 6 Personen)

1,5 kg	Wildschweinfleisch (aus Rücken oder Keule)
10	Wacholderbeeren
1/4 l	Fleischbrühe
	Salz
1 TL	edelsüßes Paprikapulver
150 g	durchwachsener Speck in dünnen Scheiben
10	Gewürznelken
1 Tasse	Öl
1 gr. EL	Mehl
1/4 l	Apfelsaft
8 EL	Preiselbeerkonfitüre
4 EL	Apfelbrand
2 gestr. TL	schwarzer Pfeffer

ZUBEREITUNG

- Die Wacholderbeeren 5 Minuten in Wasser quellen lassen.

- Das Fleisch abspülen, abtrocknen und von Sehnen befreien.

- Den Wildschweinbraten mit Salz und Paprikapulver einreiben, mit Speckscheiben bedecken und mit den Gewürznelken feststecken.

- Das Öl in der Bratpfanne erhitzen, den Braten hineinlegen und im vorgeheizten Backofen bei 200° Celsius 50 Minuten braten (dabei nicht umdrehen).

- Das Mehl mit dem Apfelsaft verrühren.

- Nach der Garzeit den Braten auf eine vorgewärmte Platte legen.

- Den Apfelsaft mit dem Mehl in den Bratensatz rühren.

- Die Konfitüre mit der Brühe zum Bratensatz zufügen, so dass eine sämige Sauce entsteht.

- Dann den Apfelbrand zufügen.

- Den Braten in diese Sauce legen und weitere 5 Minuten im Backofen erhitzen.

ANRICHTEN

- Den Braten wieder auf die vorgewärmte Platte geben, aufschneiden und pfeffern.

- Die Bratenscheiben auf Teller legen und die Sauce darüber geben.

- Zum Wildschweinbraten werden Nudeln oder Kartoffelkroketten gereicht. Als Gemüsebeilagen passen in Butter geschwenkter Rosenkohl oder auch Grilltomaten.

Schloss Arenfels

Schloss Arenfels geht auf eine 1259 von Gerlach von Isenburg direkt auf einen Felsen am Hang zum Rhein oberhalb des heutigen Orts Bad Hönningen errichtete Wehranlage zurück. Der aus dem örtlichen Felsgestein gebaute Bau war wesentlich kleiner als das heutige Schloss. Ein tief abfallender Graben schützte den Bau nach Nordwesten hin, nach Nordosten und Osten wehrte der Bergfried Feinde ab. Im Innenhof befand sich ein Ziehbrunnen, der bis auf den Grundwasserspiegel des Rheins herabreichte. Unter der Besitzerfamilie von der Leyen wurde die Wehranlage ab dem 16. Jahrhundert zu einem dreiflügeligen Renaissanceschloss umgebaut und diente seither als ihr bevorzugter Sommersitz. Doch im Laufe der folgenden Jahrhunderte verfiel das Renaissanceschloss. Die Situation änderte sich erst, als Graf Westerholt Schloss Arenfels erwarb. Er beauftragte 1849 den berühmten Kölner Dombaumeister Zwirner mit der Neugestaltung des Renaissanceschlosses zu einem neugotischen Repräsentationsbau mit 365 Fenstern, was ihm auch den Namen „Schloss des Jahres" einbrachte.

Hirschrückenbraten in Kirschsauce

ZUTATEN (für 6 Portionen)

1,5 kg	Hirschrücken
	Salz, Pfeffer, Wildgewürz
5 EL	Öl
250 ml	kräftiger Rotwein
200 ml	Kirschsaft
100 g	Crème fraîche
400 ml	Wildfond
1	Zwiebel

ZUBEREITUNG

■ Das Fleisch waschen, trocken tupfen, mit Salz, Pfeffer und Wildgewürz würzen, dann in einem Bräter in Öl von allen Seiten kräftig anbraten.

■ Das Fleisch aus dem Bräter nehmen.

■ Die Zwiebel schälen, würfeln und im Bratensatz goldbraun anbraten, abwechselnd mit Saft und Wein ablöschen und immer wieder einkochen lassen, damit die Sauce eine schöne dunkle Farbe bekommt – insgesamt die Sauce auf ein Drittel reduzieren.

■ Den Wildfond zugeben und die Sauce aufkochen lassen.

■ Das Fleisch wieder in den Bräter geben und zugedeckt im vorgeheizten Ofen bei 200° Celsius ca. 90 Minuten schmoren.

■ Nach der Hälfte der Schmorzeit das Fleisch einmal umdrehen.

■ Am Ende der Garzeit das Fleisch herausnehmen, die Crème fraîche unterrühren und abschließend die Sauce mit Wildgewürz, Salz und Pfeffer abschmecken.

ANRICHTEN

■ Zum Anrichten den Hirschrücken in Scheiben schneiden, auf Teller legen und die Sauce darüber geben.

■ Nudeln, Klöße und Mischgemüse oder Petersilienkartoffeln mit Rotkohl sind als Beilagen zum Hirschrückenbraten geeignet.

Das Gebiet des heutigen 3.000 Hektar großen Königsforstes östlich von Köln war der Bannwald eines fränkischen Königshofes. Kaiser Otto der Große übertrug dieses Krongut seinem Bruder Bruno, seit 953 Erzbischof von Köln. Aus einer ersten Urkunde über den Königsforst aus dem Jahr 1003, als Bruno schon Jahrzehnte tot war, geht hervor, dass der Königsforst zur Hälfte im Besitz des Klosters St. Pantaleon war und dass der damalige Erzbischof Heribert ein Viertel des Königsforstes dem Deutzer Kloster überließ. Die Oberherrschaft über diesen Forst wurde also weitgehend von geistlichen Besitzern ausgeübt, die seit Ende des 12. Jahrhunderts die Grafen von Berg als Vögte einsetzten. Die weltliche Macht der Grafen wuchs, und sie waren es nun, die das Waldareal für ihr Jagdvergnügen nutzten. So war der Königsforst bis zur Säkularisation als Herrenrevier dem gemeinen Volk kaum zugänglich. Er wurde daher über Jahrhunderte forstlich nur extensiv genutzt. Einzig die Jagdleidenschaft der Grafen und späteren Kurfürsten schuf Probleme, denn sie hielten einen viel zu hohen Rotwildbestand. Die Hirschrudel richteten nachhaltigen Schaden am Wald und auf den nahe gelegenen Feldern an.

Wildschäden mussten von den Bauern hingenommen werden, und wer ein Stück Rot- oder Schwarzwild auf seinem Acker erlegte, wurde hart bestraft. So hegten die Anrainer des Königsforstes großen Zorn auf ihre Kurfürsten. Erst Kurfürst Karl Theodor (1742–1799) erhörte die Bauern und gab das Rot- und Schwarzwild bis auf einen Restbestand von je 100 Tieren zum Abschuss frei. So wurden allein 4.000 Hirsche von Oktober bis Dezember 1790 geschossen, und den größten Teil der Beute konnten die Anrainer preiswert erwerben.

Während der napoleonischen Besetzung wurde der Königsforst verwüstet. Die Franzosen ließen die starken Eichen fällen und als Nutzholz nach Frankreich verbringen. Der Rest des Rotwildbestandes fiel ihnen auch zum Opfer. Die Preußen, seit 1815 die neuen Landesherren, begannen mit der planmäßigen Wiederaufforstung des Königsforstes hauptsächlich mit Kiefern und Fichten, da Eichen- und Buchensaatgut nicht ausreichend zur Verfügung stand. Langfristiges Ziel der heutigen Forstwirtschaft ist es, den standortgerechten Bewuchs dieses historischen Waldgebietes mit Buchen- und Eichenmischwäldern, zum Teil auch noch durchsetzt mit größeren Kiefern- und Fichtenanteilen und einigen naturnahen Bacherlen-Eschenwäldern wieder herzustellen.

Längst ist auch das Rotwild wieder im Königsforst heimisch. Es ist aber nur ein kleiner Bestand an scheuen Tieren, die sich von Spaziergängern, Radlern und Reitern fern halten.

Damwildsteaks in Pfifferlingsrahm

ZUTATEN (für 4 Personen)

4	Damwildsteaks à ca. 200 g

für die Marinade

1 EL	grüne Pfefferkörner
1 EL	Wacholderbeeren
1 Tasse	Olivenöl
	Salz
1 Prise	Zucker
2 EL	Sojasoße
2 cl	Weinbrand

zum Braten

1 EL	Öl
1 EL	Butter
1	Zwiebel
250 g	Pfifferlinge aus der Dose
1 Tasse	Weißwein
1 Becher	Sahne
	Salz, Pfeffer aus der Mühle, 1 Prise Muskat
2 EL	Preiselbeeren
	Speisestärke zum Binden
1 Bund	Petersilie

ZUBEREITUNG

- Die Damwildsteaks mit einem sauberen Geschirrtuch oder mit Küchenkrepp abtupfen und in eine Schüssel legen.

- Für die Marinade die Wacholderbeeren und die Pfefferkörner mit dem Messerrücken zerdrücken, mit dem Öl verrühren, leicht salzen, mit Sojasoße, Weinbrand und Zucker würzen.

- Die Marinade über die Steaks verteilen und diese über Nacht zugedeckt im Kühlschrank ziehen lassen.

- Die Steaks in der Pfanne in Öl je nach Geschmack medium oder durchbraten, herausnehmen und warm stellen.

- Im verbleibenden Bratfett die Butter erhitzen und die fein gewürfelte Zwiebel darin glasig schwitzen.

- Die gut abgetropften Pfifferlinge dazu geben, mit Weißwein ablöschen, mit der Sahne auffüllen, die Sauce mit Salz, Pfeffer und Muskat abschmecken, mit den Preiselbeeren verfeinern und mit Speisestärke leicht binden.

ANMERKUNG

- Als Beilagen eignen sich Kartoffeln, Nudeln oder Kroketten, als Gemüse dazu Kohl in den verschiedensten Variationen und/oder ein gemischter Salat.

Das Verbreitungsgebiet des Damwilds war nach der letzten Eiszeit auf Mesopotamien beschränkt. Schon die Römer hatten großen Gefallen an dieser Hirschart und bürgerten sie im gesamten Mittelmeerraum ein. Im Mittelalter hielten sich die jagdbegeisterten Herrscher ebenfalls Damwild in Gattern, um es dann erfolgreich auszuwildern. Auch heute noch wird Damwild zur Fleischgewinnung in Gehegen gehalten. Mit dem Ende der Feudalzeit hörte auch die herrschaftliche Pflege des Damwilds auf, die Bestände gingen rasch zurück. Dennoch zählt Damwild heute zu den heimischen Wildarten und ist im Rheinland vor allem im Kottenforst anzutreffen.

Charakteristisch sind das Schaufelgeweih des männlichen Damwilds und das gefleckte Sommerfell. Der Damhirsch ist größer als ein Rehbock, aber kleiner als ein Rothirsch. Männliche Tiere wiegen bis zu 100 Kilogramm, weibliche bis zu 70 Kilogramm.

Rehrücken

Das Reh wird wie Rot- und Damwild dem Schalenwild zugeordnet (zu dem jagdrechtlich auch das Schwarzwild zählt). Bock heißt das männliche Tier, Ricke das weibliche und Kitz das Jungtier. Böcke wiegen zwischen 15 und 30 Kilogramm, Ricken etwas weniger. Rehfleisch ist zart und besonders wohlschmeckend, sehr fettarm, weshalb viele Teilstücke gebeizt werden oder in ganz viel Speck und Butter zubereitet werden sollten. Der Rehrücken ist das feinste Teil und hat einen so einmaligen Geschmack, dass man für dieses Stück besser auf das Beizen verzichtet.

ZUTATEN (für 4 Personen)

1	Rehrücken
400-500 g	Butter
	Schale von 1 Zitrone
1 Glas	Weißwein
	Salz, Pfeffer
	Beilagen

ZUBEREITUNG

■ Den vom Metzger vorbereiteten Rehrücken kräftig salzen und pfeffern.

■ Die Butter in einem Bräter erhitzen, den Rehrücken mit der Rundung nach oben hineinlegen und die Zitronenschale dazu geben.

■ Wenn die Butter braun geworden ist, den Weißwein dazu gießen und den Rehrücken im auf 180°-200°Celsius vorgeheizten Ofen 40-45 Minuten garen, dabei wiederholt mit dem Fett begießen (bei nicht zu starker Oberhitze, da sonst der Rücken zu trocken wird).

ANRICHTEN

■ Den Rehrücken auf einer vorgewärmten Platte tranchieren. Dazu schneidet man den Rücken von beiden Seiten entlang der Rückenwirbel bis zum Knochengerüst mit einem langen scharfen Messer an. Das Fleisch wird dann mit dem Löffelrücken abgelöst. Die abgelösten Fleischstücke schneidet man nun schräg auf und setzt sie auf dem Rückgrat der Form entsprechend wieder eng zusammen. Die auf der Unterseite des Knochengerüsts gelegenen Filets werden ebenfalls mit dem Löffel entfernt und neben den Rehrücken gelegt, damit man diesen bei Tisch nicht wenden muss.

■ Zum Rehrücken reicht man traditionell Kroketten und gedünstete Äpfel, die man mit Preiselbeeren füllt.

Rehkeule in Rotweinsauce

ZUTATEN (für 4 Personen)

1	Rehkeule (ca. 2 kg)
75 g	Butter
2	Zwiebeln
1 Bund	Suppengrün
200 g	Crème fraîche
¼ l	Rotwein
4	Wacholderbeeren
1	Zweig Thymian
1	Lorbeerblatt
6	Pfefferkörner
	Salz, gemahlener Pfeffer

ZUBEREITUNG

- Die Rehkeule enthäuten, waschen, trocken tupfen und am Knochen einschneiden.

- Die Pfefferkörner und Wacholderbeeren zerstoßen, mit Salz mischen und die Rehkeule damit einreiben.

- Die Zwiebeln schälen und würfeln, das Suppengrün putzen und in kleine Stücke schneiden.

- Die Butter im Bräter zerlassen und die Rehkeule darin scharf anbraten, das Lorbeerblatt, den Thymianzweig, Zwiebeln und Suppengrün dazu geben.

- Die Rehkeule im geschlossenen Bräter eineinhalb bis zwei Stunden in den vorgeheizten Backofen bei 220° Celsius geben.

- Die Keule während des Garens immer wieder mit dem Bratfett begießen.

- Anschließend die Rehkeule aus dem Bräter nehmen, in Alufolie einwickeln und erneut in den auf 120° Celsius abgesenkten Ofen geben.

- Den Sud im Bratentopf mit dem Rotwein 5 Minuten kochen, mit dem Mixer zu einer sämigen Sauce pürieren und Crème fraîche dazu geben.

ANRICHTEN

- Den Knochen aus der Rehkeule lösen und das Fleisch portionsweise auf Teller geben, Salzkartoffeln und Rotkohl als Beilagen reichen.

- Besonders gut passt auch ein mit Rumrosinen gefüllter Bratapfel zu diesem Gericht.

BRATÄPFEL

- 8 Esslöffel Rosinen 20 Minuten in Rum einweichen.

- 4 Äpfel waschen, trocknen und das Kerngehäuse großzügig ausstechen.

- Eine feuerfeste Form mit Butter ausfetten und die Äpfel einsetzen.

- Die Rumrosinen mit Mandelstiften vermischen und in die Äpfel einfüllen.

- Butterflöckchen auf die Äpfel setzen und die Äpfel bei 200° Celsius im vorgeheizten Ofen 30 Minuten braten.

Fasanenbrust auf Wirsingrahmgemüse

ZUTATEN (für 4 Personen)

4	Fasanenbrüste
1 Kopf	Wirsing
3	Knoblauchzehen
	Rosmarin, Thymian
20 g	Ingwer
100 ml	Sahne
	Zitronensaft
1 EL	Butter
2 EL	Olivenöl
	Salz, Pfeffer, Zucker

ZUBEREITUNG

■ Die äußeren Blätter des Wirsings entfernen und den Kopf in feine Streifen schneiden.

■ Den Ingwer in Scheiben schneiden und in Wasser zum Kochen bringen, salzen und die Kohlstreifen darin einige Minuten blanchieren.

■ Das Wasser abgießen und die Kohlstreifen mit Eiswasser abschrecken, damit ihre grüne Farbe erhalten bleibt.

■ Den Wirsing gut abtropfen lassen.

■ Anschließend den Wirsing in einer großen Pfanne ohne Fett erhitzen, kurz darin schwenken, um die restliche Feuchtigkeit zu verdampfen.

■ Die Butter im Kohl schmelzen lassen, Sahne angießen und alles gut mischen, mit Pfeffer, Salz, Zitronensaft und Zucker abschmecken.

■ Das Olivenöl in einer Pfanne erhitzen, den fein gehackten Knoblauch, Rosmarin und Thymian dazugeben.

■ Die Fasanenbrüste von beiden Seiten im Öl jeweils eine Minute scharf anbraten, pfeffern und salzen.

■ Die Pfanne mit den Fasanenbrüsten etwa 15 Minuten bei 120° Celsius in den vorgeheizten Backofen geben.

Fasane gehören zu den Hühnervögeln. Sie sind ursprünglich im Mittelmeerraum beheimatet, doch schon die Römer brachten die farbenprächtigen Vögel nach Mitteleuropa. Um ihre Jagdbestände zu erhalten, wurden seit dem 17. Jahrhundert Fasanerien gegründet, um aufgezogene Jungtiere auszusetzen. Bis heute ziehen Jagdrevierinhaber Jungfasane zu diesem Zweck auf. So ist der Fasan durch solche Aussetzungen auch im Rheinland Brut- und Jahresvogel. Allerdings gibt es nur in den klimatisch begünstigten Niederungsgebieten des Rheins und seiner Nebenflüsse selbsttragende Populationen.

Das bunte Gefieder der 80 Zentimeter langen Fasanenhähne glänzt bei Lichteinfall stark metallisch. Die Schwanzfedern zeigen eine deutliche Querbänderung. Da die in Europa ausgesiedelten Fasane meist ein Gemisch aus den verschiedensten Rassen sind, gibt es bei diesen Vögeln große Abweichungen in Aussehen und Farbe, so auch solche mit und ohne weißen Halsring. Die 60 Zentimeter langen Fasanenweibchen tragen dagegen ein sehr unscheinbares Federkleid, das mit komplexen Bänderungen und Mustern versehen ist, was zweifelsohne insbesondere zur Brutzeit zur Tarnung dient.

AUS FLÜSSEN UND SEEN

Fischgerichte

Das Rheinland hat als Gewässer nicht nur seinen großen Strom, den Rhein, sondern viele kleine Flüsse, Bäche und Seen zu bieten. Durch die intensive rheinische Klosterkultur ist zudem der Fischgenuss schon immer weit verbreitet gewesen.

Frittierter Aal

Aale haben einen schlangenförmigen, lang gestreckten, runden Körper. Ihre Rücken-, Schwanz- und Afterflosse bilden einen durchgängigen Flossensaum. Die Laichgründe der Aale liegen 5.000 Kilometer entfernt in der Sargassosee. Dort schlüpfen sie und wandern dann zurück in die Flüsse, aus denen ihre Eltern stammten. Nach acht Jahren (Männchen) bzw. zehn bis zwölf Jahren (Weibchen) sind sie ausgewachsen und geschlechtsreif und wandern zurück in die Sargassosee – wenn sie nicht vorher gefangen werden.

Anfang des 20. Jahrhunderts wurde der Aal, nachdem die Lachsbestände im Rhein immer weiter zurückgingen, zum „Brotfisch", dem Hauptfangfisch der Rheinfischer. Sogar aus den Niederlanden kamen die Fischer mit ihren typischen Booten, den Aalschokkern. Die flachbodigen Segelschiffe verfügten über einen Schokkerbaum mit Schleppnetzen, der ausgeschwenkt werden konnte. Als dann in den 50er Jahren des vorigen Jahrhunderts der Aalbestand zurückging, kam auch das Aus für die Aalschokker. Nur noch wenige dieser Schokker sind als Museumsschiffe am Rhein erhalten geblieben – eines davon im Hafen von Bad Honnef.

ZUTATEN (für 4 Portionen)

1	großer Aal
	Weizenmehl
	Öl
	Salz

ZUBEREITUNG

- Den Aal unter kaltem Wasser abbrausen, mit Küchenpapier trocknen, ausnehmen und evtl. von der Mittelgräte befreien (am besten durch den Fischhändler machen lassen).

- Das Frittieröl in einer hohen Pfanne auf 80° Celsius erhitzen.

- Die Aalstücke portionsweise in dem heißen Fett frittieren, mit einem Schaumlöffel herausnehmen, kurz abtropfen und mit Küchenpapier abtupfen.

- Abschließend die Aalstücke leicht salzen und sofort servieren.

ANMERKUNG

- Die richtige Frittiertemperatur wird mit dem Kochlöffeltest geprüft. Dazu taucht man einen hölzernen Kochlöffelstiel in das heiße Fett. Wenn sich am Stiel kleine Bläschen bilden, ist die richtige Frittiertemperatur erreicht.

- Zu diesem deftigen und kalorienreichen, aber sehr schmackhaften Gericht passen als Beilage Kartoffelsalat und/oder Baguette und dazu ein gemischter Salat – sowie ein kräftiger Rotwein.

Der *Aalschocker* vom Rhein

Aalfang im Rhein und seinen Nebenflüssen konnte die Fischer ernähren, solange die Flüsse noch sauber genug dafür waren. Überfischung nach der „Lachsschwemme", Kanalisierung und Verschmutzung haben den Aal so selten gemacht, dass kommerzielle Fänge nicht mehr lohnen. Insofern sind auch die Aalschocker als typische Aalfangboote vom Rhein verschwunden – bis auf die *Aranka* in Bad Honnef. Hier liegt die *Aranka* meist festgemacht im Altarm zwischen der traditionellen Winzer-, Fischer- und Schifferstadt Bad Honnef und der Rheininsel Grafenwerth als beliebtes Fotomotiv vor dem Siebengebirge – wahrlich ein Wahrzeichen der Jahrhunderte währenden Fischfangtradition im Rhein.

Die 1917 gebaute *Aranka* diente ihrem Besitzer über Jahrzehnte als Broterwerb. Abends „fierte" der Fischer das Boot am Uferrand in Fangposition und befestigte das 30 Meter lange Netz am Mast, in das die Rheinströmung die Fische trieb. Der Fischer, dessen Familie nachweislich seit 1780 diesen Beruf am Rhein ausübte, gab nach 50 Jahren auf und wollte das Boot nach Holland verkaufen. Mit einer Spendenaktion gelang es aber, die *Aranka* als lebendigen Zeugen der Rheinfischerei in Bad Honnef zu halten. Das Boot wurde mit Hilfe der NRW-Stiftung auf einer Oberwinterer Werft überholt und im Honnefer Altrheinarm festgemacht. Nach Hochwasserschäden konnte die Sanierung 1995 abgeschlossen werden.

Hechtklöße mit Dillkartoffeln

ZUTATEN (für 4 Portionen)

500 g	Hechtfilet
1 Bund	Dill
1	Zwiebel
1/2 EL	Zitronensaft
2	Eier
1 EL	Senf
5 EL	süße Sahne
2 EL	gekörnte Gemüsebrühe
2 EL	Fischgewürz
1 Scheibe	Weißbrot ohne Rand
	Salz, Pfeffer, Zucker

ZUBEREITUNG

- Das Fischfilet und die Eier vor der Zubereitung kühl stellen.

- Die enthäuteten, kalt abgespülten Filets trocken tupfen und noch vorhandene Gräten entfernen.

- Die Filets grob zerteilen, salzen, schwach pfeffern und mit dem zerteilten Brot und der geviertelten Zwiebel zweimal durch die feine Scheibe des Fleischwolfes drehen.

- Die Dillspitzen vom Bund abzupfen und grob hacken.

- Den Zitronensaft mit 2 Eigelb, dem Senf, der Sahne, einer Prise Zucker sowie 2 EL Dillspitzen in die Farce einrühren.

- Die verbliebenen Eiweiß mit etwas Salz und Zucker steif schlagen und unter die Farce heben.

- 2 Liter Wasser mit der gekörnten Brühe, dem Fischgewürz und je 1 TL Salz und Zucker in einem Topf aufkochen, dann die Hitze reduzieren.

- Aus der Farce Klöße auf einem in kaltes Wasser eingetauchten EL mit Hilfe eines zweiten EL oval ausformen und in die leicht simmernde Brühe geben.

- Wenn die Klöße nach 3 bis 4 Minuten aufgeschwommen sind, werden sie vorsichtig mit einer Schaumkelle aus dem Topf herausgehoben.

- Zu den Hechtklößen passen Dillkartoffeln und ein gemischter Salat. Alternativ kann man auch eine leichte Dillsauce servieren, und es gibt Salzkartoffeln dazu.

DILLSAUCE

- 3/4 Liter der Hechtbrühe durchsieben.

- Butter im Topf schmelzen, 4 EL Mehl einrühren und nach und nach mit der Brühe zur Sauce einköcheln.

- Restliche Dillspitzen, 1 EL Zitronensaft, 1 TL Salz und 1 TL Zucker in die Sauce einrühren und zu den Klößen reichen.

Rheinsalmfilet in Sahnesauce

Lachs war früher so häufig im Rhein anzutreffen, dass er in großen Mengen gefangen und als „Armenspeise" verzehrt wurde. Vor allem die Dienstboten der Kölner Haushalte bekamen so reichlich Lachs vorgesetzt, bis die Obrigkeit dann verordnete, dass sie nur zwei- bis dreimal pro Woche Lachs zu essen brauchten. Um 1900 wurden allein aus dem Rhein noch jährlich an die 100.000 Tonnen Lachs gefischt. Fünfzig Jahre später war der Fisch praktisch aus allen deutschen Binnengewässern verschwunden, denn die Lachse reagierten immer empfindlicher auf die schlechter werdende Wasserqualität. Seit einigen Jahren wird der einstige „Brotfisch" erfolgreich im Rhein wieder angesiedelt. Auch in den Nebenflüssen, vor allem in der Sieg, ist er wieder anzutreffen. Aber die Zeiten des Lachsfangs in deutschen Flüssen sind wohl für immer vorbei.

ZUTATEN (für 4 Portionen)

800 g	Lachsfilet
300 g	süße Sahne
1/4 l	Gemüsebrühe
2 TL	Senf
	Zitronensaft
2 EL	Butter
2 EL	Olivenöl
	Salz, Pfeffer

ZUBEREITUNG

- Die Lachsfilets mit Salz und Pfeffer würzen.

- Die Filets in einer großen Pfanne im Olivenöl auf mittlerer Stufe auf einer Seite anbraten.

- Ein wenig Wasser zugeben, den Deckel auflegen und die Filets etwa 15 Minuten bei kleiner Hitze dünsten.

- Den Fisch vorsichtig aus der Pfanne heben und warm stellen.

- Die Gemüsebrühe mit dem Senf in der Pfanne aufkochen, einen Spritzer Zitronensaft und die Sahne hinzufügen, mit Salz und Pfeffer abschmecken und aufkochen lassen.

- Kalte Butter dabei in kleinen Mengen einrühren, um die Soße zu binden.

ANRICHTEN

- Lachs in Sahnesauce ist ein wunderbares Gericht im Frühling, wenn der würzige Bornheimer Spargel auf den Markt kommt. Als weitere Beilage gibt man in Butter geschwenkte Petersilienkartoffeln dazu.

Schäl Sick - *Treidelpfade am Rhein*

Als *schäl Sick* bezeichnen die Kölner und Bonner durchaus abfällig die ihren Städten gegenüber liegende, rechtsrheinische Flussseite. Denn in den Augen der alteingesessenen Kölner und Bonner gehören die Deutzer und Beueler eigentlich gar nicht dazu.

Für diese Einschätzung der rechtsrheinischen Flussseite gibt es mehrere Erklärungen:

■   Mit *schäl* (= falsche Seite, abgeleitet von „schielen" oder „scheel anblicken") wird im Rheinland schon immer die jeweils andere, minderwertigere Seite, so auch die falsche Seite des Rheins bezeichnet. So wird erzählt, dass man früher die Schiffe rheinaufwärts gegen die Strömung durch Pferde ziehen lassen musste (= treideln), wobei die Tiere durch die vom Wasser reflektierenden Sonnenstrahlen geblendet wurden. Deshalb begannen sie auf ihrem dem Wasser zugewandten Auge zu blinzeln und zu schielen, was man durch einseitig montierte Sonnenschutz-Scheuklappen verhindern wollte. Nach diesem Phänomen nannte man die ihrem schielenden Auge gegenüberliegende Seite *schäl Sick*, womit gleichzeitig die Geringschätzung dieser Rheinseite zum Ausdruck kommt.

■   Doch die eigentlichen Wurzeln der geringer geschätzten rechten Rheinseite liegen viel weiter zurück und reichen bis in die römische Zeit, deren Einflüsse ja bis heute in Köln und Bonn zu spüren sind. Damals bildete der Rhein die Grenze zwischen dem Römischen Weltreich und den germanischen Stammesgebieten, also zwischen Kultur und Unterentwicklung. Alles was jenseits des Rheines lebte, galt als barbarisch, rückständig, weltfremd und unkultiviert. Dazu hatte sich das Christentum linksrheinisch verbreiten können, während rechtsrheinisch immer noch dem Gott Wotan, jenem tückischen, einäugigen, schielenden germanischen Gott gehuldigt wurde. So ist die *schäl Sick* auch diejenige Rheinseite, wo die germanischen Barbaren noch ihren *Schäl* (= Wotan) verehrten.

194

Karpfen im Gemüsebett

ZUTATEN (für 4 Personen)

1	Karpfen, ca. 1,5 kg, küchenfertig
400 g	Fenchelknollen
4	Lauchzwiebeln
200 g	junge Möhren
1	Knoblauchzehe
125 ml	Fischsud
125 ml	trockener Weißwein
250 ml	Sahne
50 g	Butter
	Salz, Zucker

ZUBEREITUNG

- Den Fisch innen und außen mit kaltem Wasser abspülen und trocken tupfen.

- Das Gemüse waschen, putzen, Fenchel und Lauch klein schneiden, das Grün der Möhren bis auf 2 Zentimeter abschneiden und die geschälte und fein gehackte Knoblauchzehe dazu geben.

- Das Gemüse in einer ausgefetteten und gesalzenen Form auslegen. Den Karpfen darauf legen, leicht salzen und mit heißem Fischfond und Weißwein aufgießen.

- Die zugedeckte Form in den vorgeheizten Backofen auf die mittlere Schiene geben und den Fisch 40 bis 45 Minuten bei 180° Celsius schmoren, nach der Hälfte der Garzeit den Deckel abnehmen und den Fisch ab und zu mit Fond begießen.

- Nach der Garzeit den Fisch vorsichtig herausnehmen und warm stellen.

- Den Schmorfond durch ein Sieb in einen Topf geben, um etwa die Hälfte reduzieren, bei kleiner Flamme Sahne zugeben, unter Rühren etwa 10 Minuten köcheln lassen und dann gekühlte Butter in kleinen Flocken mit dem Schneebesen einschlagen, wobei die Sauce nicht mehr kochen darf.

- Das Gemüse kurz in Butter schwenken, mit Salz und einer Prise Zucker würzen.

- Den Karpfen auf eine warme Platte legen, das Gemüse darum verteilen und die Sauce extra auftragen.

ANRICHTEN

- Zum gedünsteten Karpfen passen als Beilage in Butter geschwenkte Petersilienkartoffeln.

- Das ideale Getränk zum gedünsteten Karpfen ist ein Rheinriesling.

Wein vom Mittelrhein

Der Mittelrheingraben zählt mit seinen vielen Burgen zu den schönsten Landschaftsbildern Deutschlands. Der südliche Abschnitt zwischen Koblenz und Bingen ist gar zum UNESCO-Weltkulturerbe erhoben worden. Der nördliche Abschnitt zwischen Koblenz und dem Siebengebirge wird insgesamt weniger beachtet, bietet aber gleichwohl außergewöhnliche landschaftliche Schönheiten. Auch der größte Teil des Weins wird meist in steilen Terrassenlagen des südlichen Mittelrheintals kultiviert, aber Kenner wissen durchaus die Tropfen der nördlichen Mittelrheinlagen zu schätzen. Auch hier gedeiht die Riesling-Rebe als qualitativ hochwertigste Weinsorte insbesondere auf Schieferböden genauso hervorragend wie weiter im Süden.

Die nördlichsten Reben des Mittelrheintals wachsen in der Großlage Petersberg an den Hängen des Siebengebirges – im Übrigen finden sich hier die einzigen Weinberge Nordrhein-Westfalens. Hier gibt es auch Böden vulkanischen Ursprungs, die sich wunderbar für die Müller-Thurgau-Rebe und neuerdings auch für die Spätburgunderrebe eignen.

Südlich schließt sich die Großlage Hammerstein an. Hier liegen die reizvollen Orte Unkel, Linz, Bad Hönningen mit der oberhalb gelegenen Burg Arenfels, Hammerstein und Leutesdorf, allesamt oberhalb von Weinbergen umgeben. Hier entstehen bukettreiche und vollmundige Riesling-Weine, die von der Fachwelt hoch eingeschätzt werden. Zur Großlage Marksburg gehören auch noch einige Weingärten nördlich von Koblenz, so bei Vallendar, die noch dem unteren Mittelrheintal zuzurechnen sind.

Kloster Heisterbach

Im Mittelalter spielte die Fischerei wegen der vielen Fastentage im Jahr eine große Rolle, denn Fisch galt als Fastenspeise. Damals wiesen die großen und kleinen Flüsse, Seen und Teiche einen großen Reichtum an Fisch auf, da die Gewässerverschmutzung noch gering war und viele Altwasser die Flüsse begleiteten. Trotzdem reichte der Fischfang aus den natürlichen Gewässern für den Bedarf nicht aus. Deshalb richteten sich die meisten Klöster eine Fischzucht durch Anlage von Weihern ein. Im Siegengebirge war dies vor allem im Kloster Heisterbach der Fall, das bis zur Säkularisation über mehrere großflächig angelegte Teichanlagen verfügte.

Die Gründung des Klosters Heisterbach geht auf den Kölner Erzbischof Philipp von Heinsberg zurück, der 1189 die Himmeroder Zisterzienser veranlasste, im Siebengebirge eine Niederlassung zu gründen. Nach einem kurzen Intermezzo auf dem Petersberg ließen sich die Mönche in dem damals völlig abseits gelegenen Heisterbacher Tal nieder, das seine Bezeichnung von der Lage inmitten eines Buchen(= Heister)-Waldes ableitet. Hier legten sie 1202 den Grundstein für ihre Abteikirche, die am 18. Oktober 1237 geweiht werden konnte. Die Architektur der Kirche entsprach ganz den weiterentwickelten zisterziensischen Bauprinzipien. Bis zur Säkularisation blieb die Kirche in ihrem ursprünglichen Bauzustand bestehen, über den man deshalb so gut informiert ist, da der Kölner Kunstsammler Sulpiz Boisserée (1783-1854), der durch das Auffinden der mittelalterlichen Baupläne des Kölner Doms entscheidend zu dessen endgültiger Fertigstellung beitrug, noch exakte Zeichnungen von der Kirche anfertigen ließ.

Nach der Säkularisation wurde die Abtei Heisterbach veräußert, die Kirche – wie so viele andere Klosterkirchen auch – auf Abriss verkauft. Als das Rheinland in nachnapoleonischer Zeit an Preußen kam, wurden die Abbrucharbeiten eingestellt. Außer einigen Wirtschaftsgebäuden war von der großartigen Klosteranlage nur noch der Chorumgang der Klosterkirche als Torso übrig geblieben! Das Kircheninventar war verkauft worden, Teile davon gelangten in andere Kirchen des Umfeldes, andere Teile sind heute in Museen zu sehen oder befinden sich in Privatbesitz, ansonsten ist der Rest verschollen. Im Jahre 1820 kaufte Graf zur Lippe-Biesterfeld den Klosterkomplex – die Kirchenruine selbst war inzwischen zu einem der Inbegriffe der Rheinromantik geworden! Im Jahre 1919 erwarben die Cellitinnen nach der Regel des heiligen Augustinus den Gesamtkomplex von der gräflichen Familie zur Lippe und betreiben in den Gebäuden des Klosterkomplexes aus dem 19. und 20. Jahrhundert ein Altenheim.

Die Heisterbacher Klosterkirche wies eine Länge von achtzig Metern aus, das Querschiff war vierzig Meter breit, wie die inzwischen ausgegrabenen und im Klostergelände zugänglichen Fundamente zeigen. Damit war diese Kirche größer als der Altenberger Dom und größer als alle romanischen Kirchen Kölns! An der Sparsamkeit der angewandten Bauformen des Baukörpers der Klosterkirche Heisterbach zeigt sich, wie sich die asketische Einstellung der Zisterzienser in ihrer Architektur ausdrückt. Doch diese Anforderungen ließen sich im Laufe der Zeit nicht mehr in dieser Strenge durchsetzen. So bietet der wunderschöne und erhaltene Kapellenkranz der Klosterkirche Heisterbach auch ein Beispiel für die Auflockerung zisterziensischer Bauformen.

Die Klosterimmunität von Heisterbach umfasst ein Gelände von 40.000 Quadratmetern und wird noch heute von der ursprünglichen Mauer umfasst. Innerhalb des Geländes gab es bis zur Säkularisation neben der Kirche noch einen Gebäudekomplex, der neben dem alten Kreuzgang zusätzlich einen schmalen Kreuzgang umfasste, dazu ein Winterrefektorium und ein Sommerrefektorium, eine Schmiede und einen Winkelbau der Äbte sowie die Fischteiche. Die Bewirtschaftung der Teiche war, wie in vielen anderen Klöstern auch, nach der Säkularisation beendet und die Fischteiche wurden in Grünland umgewandelt.

Heute steht von den ursprünglichen Klosternebengebäuden beispielsweise noch das Torhaus aus dem Jahr 1750. Sein rundbogiges Portal und das Mansarddach weisen es als stilreinen Barockbau aus. Das Tor wird im Übrigen an der Eingangsseite von Statuen der beiden Vorbilder des Zisterzienserordens, dem Heiligen Benedikt von Nursia und von Bernhard von Clairveaux, flankiert. Darüber hinaus gibt es noch den ehemaligen Küchenhof von 1722/23, der jetzt die Klosterstube beherbergt, die alte Zehntscheune und das alte Brauhaus aus dem Jahre 1711, das heute als Tagungszentrum fungiert.

Forelle Müllerin Art

Die klassische Zubereitung der Forelle geschieht nach Müllerin Art (gebraten), serviert mit Petersilienkartoffeln und einem grünen Salat.

Forellen gibt es reichlich in den Nebenflüssen des Rheins, so der Sieg, der Ahr und der Wied. Längst ist die Berufsfischerei nicht mehr einträglich genug, so dass heute die Mitglieder der Angelvereine den Fischfang betreiben. Die Vereine sorgen gleichzeitig für den Fischbestand in den Flüssen, unter anderem indem sie Jungfische aussetzen, die dann im ausgewachsenen Zustand geangelt und verzehrt werden können.

ZUTATEN (für 4 Personen)

4	frische Forellen (küchenfertig)
	Saft einer frisch gepressten Zitrone
	Salz
	Mehl
40 g	Butterschmalz
30 g	Butter
	Petersilie
	Zitronenscheiben zur Garnitur

ANMERKUNG

- Wenn man die Haut der Forellen vor dem Braten schräg einritzt, verhindert man, dass sich die Fische beim Garen verbiegen.

ZUBEREITUNG

- Die Forellen kurz unter fließend kaltem Wasser waschen, mit Küchenkrepp vorsichtig trocken tupfen, mit der Hälfte des frisch gepressten Zitronensaftes beträufeln, innen und außen salzen.

- Die Forellen in Mehl wenden und das überschüssige Mehl abschütteln.

- In einer beschichteten Pfanne das Butterschmalz erhitzen.

- Die Forellen bei mittlerer Temperatur braten, zunächst gut 5 Minuten von einer Seite, dann vorsichtig wenden und auf der zweiten Seite weitere 3 Minuten braten, evtl. etwas mehr, bis die Forellen eine goldgelbe Farbe und eine leichte Kruste haben.

ANRICHTEN

- Die Forellen auf vorgewärmte Teller geben.

- Im Bratfett Butter und die zweite Hälfte des frisch gepressten Zitronensafts erhitzen, die Petersilie hacken und über die Forellen streuen, mit heißer Zitronenbutter begießen und mit Zitronenscheiben garnieren.

- Petersilienkartoffeln und Salat separat dazu reichen.

Sieg, Ahr und Wied

Die drei großen Nebenflüsse des Rheins, die zwischen Koblenz und Bonn münden, sind die Sieg, die Wied und die Ahr. Alle drei Flüsse weisen längst wieder eine hervorragende Wasserqualität auf, so dass die Vielfalt ihrer Fauna wieder enorm zugenommen hat. Neben mehreren Muschel- Krebs-, Reptilien- und Amphibienarten sind hier wieder Fischarten heimisch geworden, die fast oder gar nicht mehr in diesen Flüssen angetroffen wurden. Allein in der Sieg sind es wieder fast vierzig unterschiedliche Fischarten, und besonders stolz ist man, dass auch der Lachs zurückgekehrt ist.

Die Sieg entspringt im südlichen Rothaargebirge. Ihr 155 Kilometer langer Lauf führt sie zunächst durch das waldreiche Siegerland. Im Mittellauf bildet sie die Scheide zwischen bergischem Land im Norden und Westerwald im Süden. Eine Reihe von Altarmen bilden artenreiche Biotope. Das Mündungsgebiet der Sieg steht als eine der letzten naturbelassenen Rheinmündungen unter Naturschutz.

Die Ahr entspringt im nordrhein-westfälischen Blankenheim, wo die Quelle unter einem mittelalterlichen Fachwerkhaus gefasst ist. Zunächst verläuft sie südostwärts durch die Dollendorfer Kalkmulde, wechselt bei Ahrdorf die Richtung nach Nordosten und geht unterhalb von Kreuzberg in das Engtal der Weinahr über. Hier mäandriert der Fluss ostwärts zwischen den Schieferterrassen, auf denen die berühmten Ahrrotweinreben kultiviert werden. Ab Bad Neuenahr weitet sich das Tal zum Unterlauf. Nach 89 Kilometer langem Lauf mündet sie gegenüber von Linz in den Rhein – auch das kleine Ahrmündungsgebiet ist noch weitgehend naturbelassen und steht genauso wie die Siegmündung unter Naturschutz.

Die Wied entspringt im Westerwald auf über 460 Meter Höhe nördlich des kleinen Orts Linden bei Hachenburg. Ihr 102 Kilometer langer Lauf führt sie ausschließlich auf rheinland-pfälzischem Gebiet durch den reizvollen Naturpark Westerwald. Sie mündet bei Neuwied in den unteren Mittelrhein.

Heringsstipp

Die wirtschaftlichen Beziehungen zwischen Köln und den Niederlanden waren schon immer sehr intensiv – kein Wunder, stellte doch der Rhein einen idealen Verkehrsweg dar, auf dem man in den Zeiten vor der Eisenbahn auch größere Warenmengen transportieren konnte. Und so überrascht es nicht, dass holländische Heringshändler seit dem 16. Jahrhundert in Köln anlegten, die Heringstonnen auf Karren umluden und mit diesen ihre Heringe in der ganzen Stadt anboten. Und so konnte sich beispielsweise Heringssalat zu einem traditionellen rheinischen Gericht mausern, vor allem auch, weil er verkaterten Karnevalisten den nächsten Morgen erleichtert…

ZUTATEN (für 4 Portionen)

3	Matjesfilets
1	Gewürzgurke
1	großer säuerlicher Apfel
175 g	gekochte (festkochende) Kartoffeln
2	hart gekochte Eier
125 g	Rote Bete (aus dem Glas)
25 g	Walnusskerne
2 EL	Mayonnaise
1 Becher	saure Sahne
3 EL	Essig
1/2 TL	Zucker
	Pfeffer, Salz, Dill
1	rote Zwiebel

ZUBEREITUNG

- Die Matjesfilets trocken tupfen, – wenn nötig – von Grätenresten befreien und in kleine Würfel schneiden.

- Gewürzgurke, Apfel, Kartoffeln, Eier, Rote Bete, Walnusskerne und die Zwiebel in ebenso kleine Würfel schneiden.

- Die Mayonnaise mit der sauren Sahne, dem Essig, Pfeffer, etwas Zucker und Salz zu einer Salatsauce verrühren, dann die Zwiebel und fein gehackten Dill unterrühren.

- Die Salatsauce mit den Zutaten mischen.

- Den Salat abschließend im Kühlschrank ziehen lassen.

ANMERKUNGEN

- Wenn man etwas von dem Rote-Bete-Saft an den Salat gibt, erhält er eine schöne rosige Farbe.

- Den Salat darf man bei der Zubereitung nur noch vorsichtig salzen, da die Heringe schon genügend gesalzen sind.

Matjestatar

ZUTATEN (für 4 kleine Portionen)

4	Matjesfilets
2	Schalotten
2	Gewürzgurken
1	säuerlicher Apfel
1 EL	Öl
	Dill zum Garnieren
	Pfeffer

ZUBEREITUNG

■ Die Matjesfilets mit Küchenkrepp trocknen und mit einem scharfen Messer in ganz kleine Würfel schneiden.

■ Die Schalotten pellen, eine Schalotte in winzig kleine Würfel, die zweite Schalotte in dünne Scheiben schneiden.

■ Die Gewürzgurken halbieren, die Kerne aushöhlen (nicht mit verwenden) und fein würfeln.

■ Den Apfel waschen, schälen, das Kerngehäuse entfernen und ebenfalls fein würfeln.

■ Die Apfel-, Schalotten- und Gurkenwürfel mit dem gehackten Matjes vermischen, das Öl unterziehen und das Tatar mit Pfeffer würzen.

ANRICHTEN

■ Vor dem Servieren das Tatar ziehen lassen.

■ Tatar lässt sich auf verschiedene Weise anrichten. Besonders reizvoll serviert man es auf Orangenscheiben. Die Rheinländer lieben Matjestatar mit gebutterten Schwarzbrotscheiben.

■ Ganz exquisit ist es, Pumpernickel- oder Vollkorntaler mit Butter zu bestreichen und jeweils einen Teelöffel Matjes-Tatar darauf zu setzen, alternativ auf Salatgurkenscheiben.

Muscheln rheinisch

Während Salzheringe, wie sie früher die Holländer brachten, durch ihre Konservierung zumindest für eine gewisse Zeit haltbar gemacht wurden, waren Miesmuscheln ein reines winterliches Saisonprodukt. Zuchtfarmen in der niederländischen Inselwelt und moderne Kühlung machen Miesmuscheln heute zu einem allgegenwärtigen Produkt, aber die winterliche Saison ist geblieben…

ZUTATEN (für 4 Portionen)

2 kg	Miesmuscheln
	Gemüsebrühe
2	Stangen Porree
3	Möhren
1/2	Sellerieknolle
1	Zwiebel
250 ml	Weißwein
	Thymian, Pfeffer
	Schwarzbrot, Butter

ZUBEREITUNG

■ Den Porree, die Möhren und den Sellerie putzen, Porree und Möhren in feine Scheiben schneiden, Zwiebeln und Sellerie klein hacken.

■ Die Muscheln in ein Becken mit kaltem Wasser geben und unter kaltem Wasserstrahl putzen, die Barthaare entfernen und vom Sand befreien.

■ Einen großen Topf zu einem Viertel mit Gemüsebrühe füllen, das Gemüse und die Gewürze zugeben und ca. 10 Minuten weich köcheln.

■ Muscheln und Weißwein hinzu geben und bei geschlossenem Topf 10 bis 20 Minuten leicht kochen.

■ Während des Garens den Topf öfter rütteln bzw. mit einer Kelle vorsichtig die Muscheln von oben wieder unter den Sud heben.

■ Die durch das Garen geöffneten Muscheln auf einem Suppenteller anrichten und mit dem Gemüsesud übergießen.

■ Zu Muscheln rheinisch reicht man mit Butter bestrichene Schwarzbrotscheiben.

ANMERKUNG

■ Kaputte und offene Muscheln erst gar nicht mit zubereiten und Muscheln, die beim Kochen geschlossen bleiben, nicht verzehren.

Rheinisches Schwarzbrot
zum Rezept Muscheln

ZUTATEN

1 Packung (1,4 kg)	Schwarzbrotbackmischung
1/2 Topf (ca. 225 g)	Rheinisches Rübenkraut
3 Würfel	frische Hefe
2 x 500 g	Buttermilch
1,5 EL	Salz

ZUBEREITUNG

- Die Hefe zerkrümeln, mit dem Rübenkraut verrühren, bis sich die Hefe aufgelöst hat, Salz zugeben und ebenfalls verrühren.

- Die Buttermilch hinzufügen, gut verrühren und dann die Schwarbrotbackmischung gut einarbeiten.

- Den Schwarzbrotteig in eine große oder zwei kleinere gefettete und gemehlte Brotformen geben.

- Das Brot im kalten Ofen bei 150° Celsius 3 Stunden backen.

- Nach Ende der Backzeit das Brot aus dem Ofen holen, vorsichtig aus der Form nehmen und auf einem Kuchengitter erkalten lassen.

ANMERKUNG

- Beispielsweise bietet der Hofladen Weißweiler im Wachtberger Ortsteil Fritzdorf eine Schwarzbrot-backmischung bestehend aus Weizen, Roggen, Hafer, Leinsaat, Sesam und Sonnenblumenkernen an.

Matjes mit grünen Bohnen

ZUTATEN (für 4 Portionen)

1 kg	festkochende Kartoffeln
4	Matjesfilets
100 g	durchwachsener Speck
2	Zwiebeln
30 g	Butter
500 g	Bohnen
1 kleines Bund	Bohnenkraut
30 g	Butterschmalz
	Pfeffer, Salz, Paprikapulver

ZUBEREITUNG

■ Die Kartoffeln ungeschält waschen, in einen kleinen Kochtopf geben, mit Wasser bedecken, das Wasser zum Kochen bringen, die Hitze auf mittlere Temperatur zurückschalten und die Pellkartoffeln in ca. 25 Minuten gar kochen, dann abkühlen lassen.

■ Den durchwachsenen Speck und eine Zwiebel in kleine Würfel schneiden, in einer beschichteten Pfanne Butter auslassen, beides darin ausbraten und anschließend die Zwiebel-Speck-Mischung in eine kleine Schüssel umfüllen.

■ Die Bohnen putzen, waschen, in einen Kochtopf geben, leicht mit Wasser bedecken, Bohnenkraut und etwas Salz zufügen, die Bohnen zum Kochen bringen und dann bei mittlerer Temperatur in ca. 15 Minuten bissfest garen.

■ Die Kartoffeln pellen, in Scheiben schneiden, in einer beschichteten Pfanne Butterschmalz erhitzen, die Bratkartoffeln darin goldbraun braten, mit Pfeffer, Salz und Paprikapulver würzen und die Hälfte der Zwiebel-Speck-Mischung unter die Bratkartoffeln mischen.

■ Die gegarten Bohnen in ein Sieb gießen, das Bohnenkraut entfernen, die restliche Zwiebel-Speck-Mischung in den Kochtopf geben und zurück auf den Herd stellen, die Bohnen zufügen, alles vorsichtig miteinander vermengen und abschließend mit Pfeffer und Salz würzen.

ANRICHTEN

■ Die mit Küchenkrepp trocken getupften Matjesfilets mit den grünen Bohnen und Bratkartoffeln auf Tellern anrichten. Dazu gibt es einen herzhaften Salat, z.B. Rotkohlsalat und/oder Selleriesalat.

Matjes mit gebackenen Kartoffeln

Matjes sind Heringe, die vor der Fortpflanzungszeit zwischen Mai und Anfang Juni in der Nordsee gefangen wurden und in Holzfässern in einer Salzlake im eigenen Saft „reifen". Die Holländer wenden dieses Verfahren bereits seit dem 15. Jahrhundert an. Der Begriff leitet vom holländischen *Maagdenharing* (= Mädchen- oder Jungfrauenhering) ab, was sich auf die geschlechtliche Unreife der gefangenen Heringe bezieht. Der milde Matjes braucht im Gegensatz zum Salzhering nicht gewässert zu werden.

ZUTATEN (für 4 Portionen)

4	Matjesfilets
12	große Backkartoffeln
	Garnitur

ZUBEREITUNG

- Die Kartoffeln waschen, in Alufolie wickeln und im vorgeheizten Backofen bei 225° Celsius etwa 1 Stunde backen.

- Die Matjesfilets mit Küchenkrepp trocknen und mit einem scharfen Messer in Streifen schneiden.

- Die Matjesstreifen jeweils auf einem Teller mit den Backkartoffeln anrichten und mit Dill, Frühlingszwiebelröllchen und Zwiebelringen garnieren.

BEILAGEN

- Als Beilage zu diesem einfachen Gericht passen ein großer grüner oder gemischter Salat und Schnittlauchquark.

Kabeljau in leichter Bier-Senfsauce

ZUTATEN (für 4 Portionen)

800 g	Kabeljau (4 Filets)
	Zitronensaft
30 g	Butter
4 EL	Mehl
	Salz

für die Sauce

2	Schalotten
30 g	Butter
1/2 Stange	Kölsch
200 ml	Fischfond
200 ml	Sahne
2 EL	scharfer Senf
	Salz, Pfeffer, Zucker

ZUBEREITUNG

- Die Schalotten pellen und fein würfeln, Butter in einer Pfanne erhitzen, die Schalotten darin andünsten, mit dem Kölsch ablöschen und aufkochen.

- Die Sauce etwas köcheln lassen, dann die Sahne und den Fischfond in die Sauce geben und einrühren.

- Nun den Senf dazugeben und ebenfalls einrühren.

- Abschließend die Sauce mit Salz, Pfeffer und einer Prise Zucker abschmecken.

- Die Kabeljaufilets von evtl. noch vorhandenen Gräten befreien, gründlich waschen und trocknen, mit Zitronensaft beträufeln und mit Salz und Pfeffer würzen.

- Das Mehl auf einen Teller geben und die Filets darin wenden.

- Butter in einer Pfanne erhitzen und die Filets von beiden Seiten so lange braten, bis sie goldgelb sind (von beiden Seiten ca. 5 Minuten).

ANRICHTEN

- Die gebratenen Kabeljaufilets auf Teller füllen, die Sauce darum geben und als Beilagen Salzkartoffeln und grünen Salat reichen.

Stockfisch

ZUTATEN (für 4 Personen)

4 Portionen	Stockfisch à 100-150 g Trockengewicht
6	Zwiebeln
2	Knoblauchzehen
6	Eier
1 Bund	Petersilie
	Pfeffer, Oregano
8	festkochende Kartoffeln
2	Tomaten
8 EL	Öl

ZUBEREITUNG

- Den Stockfisch wie beschrieben vorbereiten.

- Die Kartoffeln schälen, mit dem Gurkenhobel in feine Scheiben schneiden und bis zur Verwendung in kaltes Wasser geben.

- Die Zwiebel schälen und in feine Ringe schneiden, den Knoblauch würfeln, die Petersilie hacken.

- Die Eier verquirlen und mit Pfeffer würzen, die geschälte und klein gewürfelte Tomate und die Petersilie dazugeben.

- In einer hohen Pfanne die Kartoffelscheiben etwa 7 Minuten im Öl gar braten, herausnehmen und auf Küchenpapier abtropfen lassen.

- Die Zwiebel und den Knoblauch in der Pfanne im vorhandenen Öl anbraten, nach 3 bis 4 Minuten den Fisch dazugeben und gut 15 bis 20 Minuten braten, dabei den Fisch immer wieder vorsichtig wenden, damit er nicht zu sehr zerfällt, und mit Oregano würzen.

- Die Kartoffeln zum Fisch dazu geben, die Pfanne noch einmal kurz erhitzen, dann die Eiermischung darüber gießen und leicht stocken lassen.

ANRICHTEN

- Zum Stockfisch reicht man Baguettescheiben und Salat.

ANMERKUNG

- Da Stockfisch trotz der Wässerung immer noch einen relativ hohen Salzgehalt hat, ist das Salzen des Gerichts nicht erforderlich.

Der gut katholische Rheinländer hält die Fastenzeit zwischen Karneval und Ostern streng ein. Fleisch gibt es in dieser Zeit nicht, aber Fisch kann er zu sich nehmen. Früher war das schwierig, denn Fisch ist nicht lange haltbar. So griff mancher Rheinländer gerne auf Stockfisch zurück, der zu dieser Winterzeit aus Skandinavien geliefert wurde.

Bei Stockfisch (oder Klippfisch) handelt es sich um ausgenommenen, gesalzenen und getrockneten Kabeljau, der bei +2° Celsius mehrere Monate lang haltbar ist. Zu diesem Zweck wird der Fisch auf einer langen Reihe von Stöcken aufgespießt und in der Nordseeluft an Norwegens Küsten getrocknet.

Früher kaufte man immer einen ganzen Stockfisch, der auch in getrocknetem Zustand 2 bis 3 Kilo wiegen konnte. So schnitt man vom Stockfisch immer nur die benötigte Menge ab, spülte die Stücke unter fließendem Wasser kräftig ab und ließ sie dann mindestens 24 Stunden wässern. Dabei muss das Wasser öfter erneuert werden, um den Fisch zu entsalzen. Zum Schluss übergießt man den Fisch am besten noch einmal mit kochendem Wasser und lässt ihn einige Minuten ziehen. Dabei zerfällt der Stockfisch in kleine Stücke bzw. Scheiben, so dass sich die Haut und die Gräten einfach entfernen lassen. Um den strengen Geschmack von Stockfisch zu mildern, kann man ihn nach dem Wässern zusätzlich noch einige Stunden in Milch einlegen, eventuell auch darin kurz aufkochen. Leider wird heute Stockfisch nur noch selten angeboten, denn er eignet sich eigentlich vorzüglich für intensiv schmeckende Gerichte.

Eine Besonderheit der rheinischen Küche sind Rümpchen, die es heute als Mahlzeit aber nicht mehr gibt. Der Hintergrund dieses Gerichts ist vor allem in den schwierigen Verhältnissen der Ahr-Winzer im 19. und frühen 20. Jahrhundert zu sehen, als ihnen durch die Konkurrenz überregionaler Weinhändler die wirtschaftliche Basis entzogen worden war. Die Winzer waren gleichzeitig auch Bauern, die neben den Weinbergen noch einige Parzellen Ackerland bearbeiteten, um ihren Bedarf an Feldfrüchten zu decken. Ihre Mahlzeiten bestanden daher überwiegend aus Kartoffeln, Roggenbrot und Kornkaffee. Eine erfreuliche Abwechslung boten die Ahrfische, insbesondere die kleinen, „Rümpchen" genannten Elritzen. Sie wurden von haupt- oder nebenberuflich tätigen Fischern vor allem an der mittleren Ahr in Weidenreusen gefangen und in kleinen Schachteln aus Weidenrinde von Händlern in Köln und Bonn als Delikatesse verkauft.

Rümpchen werden zum Verzehr weder geschuppt noch ausgenommen. Für *jebacke Rümpcher* braucht man Butter, Mehl, Salz und Öl. Die Rümpchen werden unter fließend kaltem Wasser gewaschen, trocken getupft und mit Salz abgerieben. Die Butter zerlässt man, taucht die Rümpchen darin ein und wälzt sie anschließend im Mehl. Das Öl, dem etwas Salz untergemengt wird, erhitzt man in der Pfanne und brät die Rümpchen darin knusprig aus. Die preußische Verwaltung hatte schon bald das Fangen dieser Fische verboten, da beim Fang zu viel Brut anderer Fische mit ins Netz ging. Die Verschlechterung der Wasserqualität und das Einsetzen der beliebteren Forelle haben den Elritzenbestand inzwischen stark dezimiert.

Die Elritze (*Phoxinus phoxinus*) wird sechs bis acht Zentimeter lang, in Ausnahmefällen bis zwölf Zentimeter. Der rundleibige, stumpfschnauzige, kleinmäulige und kleinschuppige Fisch mit kurzer Rücken- und Afterflosse ist gelb-bräunlich gefärbt und seitlich mit braunen und schwarzen Tupfen oder Streifen bedeckt. Der Bauch ist weiß bis rötlichweiß, zur Laichzeit bekommen die Männchen eine rote Unterseite.

ZULETZT ZUM NACHTISCH

Kuchen, Gebäck und was es sonst noch gibt

Kuchen und Muuzen, Kompott und Creme – und noch ein kleines Schnäpschen hinterher. Dann ist die Welt des Rheinländers in Ordnung.

Großmutters Apfelkuchen

ZUTATEN

200 g	Zucker
200 g	Butter
4	Eier
200 g	Weizenmehl
2 TL	Backpulver
800 g	säuerliche Äpfel
	Saft einer Zitrone
100 g	Blutorangengelee
100 g	Mandelblättchen
	Puderzucker zum Bestäuben

ZUBEREITUNG

- Die Butter erwärmen und mit dem Zucker schaumig rühren.

- Die Eier nach und nach dazu geben.

- Das Mehl und das Backpulver unterrühren.

- Die Äpfel schälen, vierteln und in Würfel schneiden.

- Die Apfelstücke im Saft einer Zitrone schwenken.

- Die Apfelstücke mit dem Zitronensaft in den Teig geben.

- Eine Springform einfetten und ausmehlen.

- Den Apfelteig in die Springform geben und glatt streichen.

- Die Springform in einen auf 180° Celsius vorgeheizten Backofen geben und eine Stunde backen (je nach Bräunung eventuell mit Alufolie abdecken).

- Das Blutorangengelee in einem Topf erwärmen.

- Die Mandelblättchen in einer Pfanne ohne Fett rösten.

- Den Kuchen aus dem Ofen nehmen, leicht auskühlen lassen, das Orangengelee darüber streichen und mit den Mandelblättchen bestreuen.

ANRICHTEN

- Wenn der Apfelkuchen ganz ausgekühlt ist, mit Puderzucker bestreut servieren.

- Dazu gibt es schön steif geschlagene Sahne.

Äpfel aus Meckenheim

Klimatisch begünstigt liegt Meckenheim am Südostzipfel der Zülpicher Börde, durch die Eifel vor den atlantischen Witterungseinflüssen geschützt. Hier ist der Boden hochwertig und es gibt mehr Sonnenstunden als in der Umgebung. Neben der Rosenzucht und den Baumschulbetrieben hat sich in Meckenheim der intensive Obstanbau etabliert. Vor allem Äpfel werden hier in den gepflegten Plantagen rund um den Ort kultiviert. Aufgrund der großen Obstproduktion im Meckenheimer Raum hat die Landgard eG als große rheinische Obst- und Gemüseerzeugerorganisation hier ein großes Kühllager für Obst eingerichtet. Hier werden in kontrollierter Atmosphäre bis zu 5.000 Tonnen Kern-, Stein- und Beerenobst gelagert. Dazu gibt es die erforderlichen Sortier- und Verpackungsanlagen, um die Erzeugnisse marktgerecht an den Handel zu liefern.

Mitten in den Obstplantagen findet man Burg Lüftelberg als bedeutendste Sehenswürdigkeit Meckenheims. Der heutige Meckenheimer Ortsteil entstand um eine 1260 erstmals urkundlich erwähnte Wasserburg. Im 15. Jahrhundert wurde die Anlage umgebaut und mit vier Rundtürmen versehen. 1730 erhielt die Burg ihre heutige barocke Schlossgestalt. Die Grisaille-Malereien im Gartensaal zählen zu den großen Kunstwerken im Rheinland. Gegenüber dem Schloss liegt eine gut erhaltene und restaurierte alte Wassermühle. An das Schlossgelände schließt sich die romanisch-gotische Ortspfarrkirche St. Peter an. Diese Kirche ist zugleich Wallfahrtskirche, in der die heilige Lüfthildis verehrt wird.

Pflaumenkuchen

Der Rheinländer liebt seine *Prummetaat* mindestens genauso wie den Apfelkuchen.

ZUTATEN

für den Teig

125 g	weiche Butter
125 g	Zucker
1 Packung	Vanillezucker
2	Eier
175 g	Mehl
1 TL	Backpulver
100 g	Mandeln

für den Belag

750 g	Pflaumen
	Zucker zum Bestreuen

ZUBEREITUNG

- Aus den Zutaten einen Rührteig bereiten.

- Eine Springform (26 cm) mit Backpapier auslegen, mit dem Rand das Papier einklemmen und den Rand einfetten (falls es keine beschichtete Springform ist).

- Den Rührteig einfüllen und glatt streichen.

- Die Pflaumen entsteinen und halbieren, dann die Pflaumenhälften mit der Spitze in den Teig stecken.

- Den Kuchen im vorgeheizten Backofen 70 Minuten bei 175° Celsius (auch bei Umluft) auf der zweiten Leiste von unten backen.

- Zum Servieren den Kuchen aus der Springform nehmen, auf einen schönen Kuchenteller geben und mit Zucker bestreuen.

ANMERKUNG

- Es sieht auch sehr attraktiv aus, wenn man die Pflaumenhälften mit dem Rücken auf den Teig legt – dann benötigt man entsprechend weniger Früchte.

Rhabarber-Sandkuchen

ZUTATEN

300 g	Rhabarber
75 g	Zucker
	Saft einer halben Zitrone,
	abgeriebene Zitronenschale
6	Eier
440 g	Zucker
340 g	Butter
	Salz
1 Päckchen	Vanillezucker
	abgeriebene Zitronenschale
200 g	Mondamin
200 g	Mehl
	1 Päckchen Backpulver
	Butter zum Einfetten der Springform,
	Mehl zum mehlieren
	Puderzucker zum Bestreuen des Kuchens

ZUBEREITUNG

- Den Rhabarber putzen, in Würfel schneiden, mit der ersten Portion Zucker bestreuen, den Saft einer halben Zitrone und etwas abgeriebene Zitronenschale zufügen; dann den Rhabarber etwas ziehen lassen und danach abgedeckt im Ofen bei 140° Celsius bissfest garen, erkalten und abtropfen lassen.

- Die Eier mit der zweiten Portion Zucker schaumig schlagen.

- Parallel die Butter mit Salz, Vanillezucker und etwas abgeriebener Zitronenschale erwärmen und unter die Eiermasse mischen.

- Mondamin, Mehl und das Backpulver sieben und unter die Butter-Eiermasse rühren.

- Zwei Drittel des Teiges in eine gefettete und mehlierte Springform mit einem Durchmesser von 24 Zentimetern füllen, den Rest des Teiges mit dem abgetropften Rhabarber mischen und auf dem Teig in der Springform verteilen; die Oberfläche des Teiges glätten.

- Den Kuchen im vorgeheizten Backofen bei 180° Celsius eine Stunde backen, danach auskühlen lassen, auf eine Kuchenplatte geben und Puderzucker darüber streuen.

Brombeerweintorte

ZUTATEN

3	Eier
200 g	Zucker
75 g	Weizenmehl
75 g	Speisestärke
2 TL	Backpulver
150 g	Brombeerkonfitüre
150 ml	Brombeerwein
150 g	Brombeeren
8 Blatt	weiße Gelatine
250 g	Magerquark
800 g	Sahne
1 Päckchen	Sahnefestiger
50 g	Krokant
	einzelne Brombeeren zum Verzieren

ZUBEREITUNG

- Die Eier, 3 Esslöffel Wasser und 125 g Zucker 6-8 Minuten schaumig schlagen, Mehl, Stärke und Backpulver mischen und unterziehen.

- Den Teig in eine am Boden mit Backpapier ausgelegte Springform (26 cm Ø) füllen und 30 Minuten im vorgeheizten Backofen bei 180° Celsius (Umluft 160°) backen.

- Den ausgekühlten Biskuitboden waagerecht halbieren, die Konfitüre auf die Hälften streichen.

- Den Wein mit dem Rest Zucker erhitzen, vom Herd nehmen, die eingeweichte und ausgedrückte Gelatine darin auflösen.

- Sobald alles geliert, den Quark einrühren und 600 Gramm steif geschlagene Sahne unterheben.

- Die Hälfte der Quarkmasse auf den unteren Boden im Tortenring streichen, den zweiten Boden mit Konfitüre nach unten auflegen, den Rest der Creme glatt streichen.

- Abschließend den Brombeerweinkuchen ungefähr 4 Stunden kalt stellen.

- Danach den Tortenring entfernen, den Rest Sahne mit Sahnesteif steif schlagen, den Tortenrand damit bestreichen, mit Krokant verzieren, zuletzt die Tortenstücke mit Sahnerosetten und je einer Brombeere verzieren.

ANMERKUNG

- Im Rheinland nimmt man natürlich nicht einfach Brombeerwein, sondern Rebellenblut, das aus dem Vorgebirge kommt. Das Vorgebirge war einst das größte Brombeeranbaugebiet Deutschlands und die Brombeerweinherstellung hat hier schon Tradition.

Rebellenblut

Der Obst- und Gemüseanbau im Vorgebirge profitiert von dem fruchtbaren Boden und milden Klima. Neben dem Stein- und Kernobst wird genauso auch Beerenobst kultiviert. Ein Schwerpunktprodukt sind dabei Brombeeren. Aus diesen Beeren wird ein leckerer Wein bereitet, der hier unter dem Namen Rebellenblut oder auch Drachenblut bekannt ist. Diese süffige Fruchtweinspezialität, die aus der Sandbrombeerensorte *Theodor Reimers* gekeltert wird, ist ein kulinarisches Highlight der Region. Rebellenblut und Drachenblut sind seit Generationen nicht nur bei Bonner Studenten bekannt und haben schon manchen dicken Kopf hinterlassen, weil dieses Blut eben so gut schmeckt…

Rosinenplatz

Der Rosinenplatz in Kastenform oder auch Brotform ist als leicht gesüßtes Milchweißbrot über ganz Westfalen und das Rheinland verbreitet. Die Rheinländer nennen ihn auch *Blatz*. Manch Rheinländer streicht sich Leberwurst auf seinen *Blatz* – haben Sie es schon einmal probiert?

ZUTATEN

500 g	Weizenmehl
40 g	Hefe
1 TL	Zucker
140 ml	lauwarmes Wasser
180 ml	lauwarme Milch
100 g	Rosinen
1 Prise	Salz
30 g	Butter
70 g	Zucker
	Milch zum Bepinseln

ZUBEREITUNG

- Die Hefe im lauwarmen Wasser mit dem Zucker auflösen.

- Das Mehl in eine Backschüssel sieben, die aufgelöste Hefe in eine Vertiefung schütten und mit dem Mehl verarbeiten.

- Nach und nach Milch, Butter, Zucker, Salz und Rosinen unterkneten.

- Den Teig mit etwas Mehl bestäuben und abgedeckt 30-40 Minuten an einem warmen Ort gehen lassen.

- Wenn sich der Teig verdoppelt hat, ihn kurz durchkneten und in eine ausgefettete Kastenform legen und längs einschneiden.

- Den Teig nochmals 10-15 Minuten ruhen lassen, mit etwas Milch abstreichen und im vorgeheizten Backofen auf der unteren Schiene mit einer dazu gestellten halben Tasse Wasser ca. 30-40 Minuten bei 200° Celsius (Gas Stufe 3) backen.

- Nach dem Herausziehen des Rosinenplatzes diesen nochmals mit Milch bestreichen.

Muuzen und Muuzenmandeln

Mutzen und Mutzemandeln, die die Kölner gern als *Muuzen* und *Muuzemandel* schreiben, sind ein typisches Karnevalsgebäck. Ihre Bezeichnung Muuze leitet sich von dem mittelniederdeutschen Wort *nunnekenfurt* ab, was soviel bedeutet wie „von den Nonnen am besten zubereitet". Die Schwaben haben daraus Nonnenfürzle gemacht, die stets gut gelaunten Kölner *Nonnefützje*. Beide Gebäcke werden in heißem Fett goldgelb ausge- backen. Muuzen sind knusprig, Muuzenmandeln eher weich. Muuzen werden aus einem Teig aus Mehl, Eiern, Zucker und Aromen bereitet, Muuzenmandeln aus Mehl, Butter, Zucker, Eiern und Backpulver, dazu evtl. Likör, Rum oder Bittermandeln und zu einer Mandel geformt – dafür haben die Rheinländer eine spezielle Muuzenmandel-Ausstechform.

Muuzen

ZUTATEN (für ca. 20 Stück)

250 g	Mehl
100 g	Mondamin
1 TL	Backpulver
1	Zitrone
60 g	Zucker
100 g	Butter
2	Eier
1 Prise	Salz
1-2 EL	Rum
	Fett zum Ausbacken
	Puderzucker

ZUBEREITUNG

■ Von der Zitrone die Hälfte der Schale abraspeln.

■ Die Zitronenschale zusammen mit Butter, Salz, Zucker und den Eiern schaumig rühren.

■ Rum, Mondamin, Mehl und Backpulver unterrühren.

■ Anschließend die Masse eine halbe Stunde ruhen lassen.

■ Fett (am besten Schmalz) in einem Topf erhitzen. Einige Quadratzentimeter große Teigplatten ausstechen und im Fett goldbraun ausbacken. Sie rollen sich durch das Frittieren etwas ein und erhalten so ihre typische Form.

■ Zum Schluss die heißen Muuzen mit Puderzucker überstäuben.

Muuzenmandeln

ZUTATEN (für ca. 30 Muuzenmandeln)

100 g	Butter
60 g	Zucker
	abgeriebene Schale einer halben Zitrone
1 Msp.	Zimt
1 Prise	Salz
2	Eier
2 EL	Rum
250 g	Mehl
1 gestr. TL	Backpulver
	Butterschmalz (zum Ausbacken)
	Puderzucker (zum Bestäuben)

ZUBEREITUNG

■ Die leicht erwärmte Butter, Zucker mit Zimt und Salz schaumig rühren, die Eier nach und nach unterrühren, Mehl und Backpulver mischen, darüber sieben und alles zu einem glatten Teig verkneten.

■ Den Teig zu einer Kugel formen, in Folie einschlagen und 30 Minuten im Kühlschrank ruhen lassen.

■ Den Teig auf einer bemehlten Arbeitsfläche etwa 1 Zentimeter dick ausrollen und mit der Muuzenform kleine Mandeln ausstechen.

■ Das Butterschmalz in der Fritteuse oder einem großen Topf auf 175 °C erhitzen (im Topf ist die richtige Temperatur erreicht, wenn sich um den Stiel eines ins Fett gehaltenen Holzlöffels Bläschen bilden).

■ Die Muuzenmandeln im heißen Fett goldbraun ausbacken. Auf Küchenkrepp abtropfen lassen und dick mit Puderzucker betäuben.

ANMERKUNG

■ Es gibt auch Rezepte für Muuzenmandeln, bei denen Marzipan in den Teig eingearbeitet wird, je nachdem auch noch Rosenwasser.

Ballebäuschen

Ballebäuschen sind die rheinische Variante der Krapfen. Schon die Römer kannten solch fettgebackenes Gebäck. Ab dem 13. Jahrhundert gibt es Unterlagen aus Klosterküchen, wo auch über entsprechend Fettgebackenes berichtet wird. Dort hießen die Krapfen *Craphun* – und entwickelten sich schnell zu einem Fastengebäck. Im Rheinland werden die Ballebäuschen immer noch gern am Rosenmontag gegessen.

Rheinische Krapfen werden aus Brandteig oder süßem Hefeteig mit Rosinen, aber ohne Füllung hergestellt. Man sticht sie mit einem Löffel ab, gart sie in heißem Fett und wälzt sie abschließend in Zucker.

ZUTATEN (für 6-7 Ballebäuschen)

250 g	Mehl
1 Päckchen	Backpulver
250 g	Quark
3	Eier
1 Päckchen	Vanillezucker
100 g	Zucker
100 g	Rosinen
	Fett zum Ausbacken
	Zucker zum Wälzen

ZUBEREITUNG

- Das Mehl in eine Rührschüssel geben und mit dem Backpulver mischen.

- Den Quark, die Eier, den Vanillezucker und Zucker dazu geben und alles mit Hilfe der Knethaken gut verkneten.

- Die Rosinen mit einem Holzlöffel vorsichtig unterrühren.

- Unter Zuhilfenahme zweier kleiner Löffel sechs oder sieben Teigstücke von 2 Zentimeter Durchmesser abstechen und in zwei Durchläufen in einen Topf mit dem erhitzten Fett geben.

- Sofort danach die Hitze reduzieren, um die Ballebäuschen nicht zu braun werden zu lassen, wobei sie dann innen noch nicht gar sind.

- Wenn sich eine Seite goldbraun gefärbt hat, die Krapfen durch Berührung mit einem Löffel zum Drehen bringen.

- Ist auch die zweite Seite goldbraun, so nimmt man die Krapfen mit einem Schaumlöffel aus dem Fett heraus und lässt sie auf Küchenpapier abtropfen.

- Abschließend werden die Ballebäuschen in Zucker gewälzt und noch lauwarm gegessen.

Pünktlich am 11.11. um 11.11 Uhr beginnt der Kölner Karneval auf dem Alter Markt. Dann hat die Session für Bützcher, für Sitzungen, für die Umzüge begonnen. Alaaf ist der Kölner Karnevalszuruf, ein alter Trinkspruch mit langer Tradition – genauso wie der Karneval selbst mit dem Spaß der Menschen an der Verkleidung, Satire und Spott. Kostümbälle wurden als Redouten veranstaltet. Der letzte Kölner Kurfürst Max Franz baute 1790-92 als Festsaal hierfür die Redoute in Bad Godesberg. In der Franzosenzeit nahm das Karnevalstreiben noch zu, verrohte aber in preußischer Zeit, so dass die Kölner mit einer Neuorganisation ihres Karnevals einem preußischen Verbot zuvorkamen.

Der Höhepunkt des Kölner Karnevals beginnt mit Weiberfastnacht am Donnerstag vor Rosenmontag. Ab nun übernehmen die *Jecken* symbolisch die Herrschaft über die Stadt. Karnevalssamstag und -sonntag sind den Sitzungen vorbehalten. Am Sonntag finden auch die *Veedelszöch* in den Kölner Vororten statt. Montag ist dann der Tag des Rosenmontagszuges, des größten in ganz Deutschland. Bis zu einer Million Jecken stehen dann am Straßenrand und schauen den Wagen zu, abgeschlossen durch den Festwagen des Kölner Dreigestirns aus Prinz, Bauer und Jungfrau – letztere traditionell durch einen Mann dargestellt. In den Karnevalssitzungen treten die Büttenredner auf, es werden die alten Lieder von Willi Ostermann gespielt und die Lieder der neuen Kölner Bands, allen voran die *Bläck Fööss* haben längst überregionale Bedeutung gewonnen.

Am Aschermittwoch ist dann „alles vorbei". Ein letztes Mal treffen sich die Karnevalisten zu einem traditionellen Fischessen, um von der diesjährigen Session Abschied zu nehmen – wie immer war es die beste der letzten Zeit!

Weckmann

Der Weckmann stellt als typisch rheinisches Gebildegebäck einen Bischof dar und wird zu St. Martin an die Kinder des Martinszuges ausgeteilt. Danach sind Weckmänner die ganze Adventszeit in den Bäckereien erhältlich. Der ursprüngliche Nikolaus-Brauch ist schon lange auf St. Martin übergegangen. Vor allem im Rheinland erhält deswegen der Weckmann eine Tonpfeife. Sie stellt seinen Bischofsstab dar – dies wird offensichtlich, wenn man die Tonpfeife mit dem Kopf nach oben dreht und den Bischofsstab erkennt.

ZUTATEN (für 6 Weckmänner)

600 g	Mehl
40 g	Hefe
250 ml	lauwarme Milch
100 g	Butter
2	Eier
60 g	Zucker
1 Prise	Salz
	abgeriebene Schale einer halben Zitrone
1 Päckchen	Vanillezucker
	Rosinen, Mandeln
	Eigelb zum Bestreichen

ANMERKUNG

- Genauso, wie ein echter Rheinländer über spezielle Muuzenmandel-Ausstechform verfügt, genauso hat er eine Weckmann-Ausstechform.

ZUBEREITUNG

- Das Mehl in eine Schüssel sieben und eine Mulde hineindrücken.

- Die Hefe hineinbröckeln und mit der lauwarmen Milch und etwas Mehl zu einem Vorteig verrühren.

- Den Vorteig 15 Minuten zugedeckt an einem warmen Ort gehen lassen.

- Die Butter zerlassen und zusammen mit den Eiern, dem Salz, dem Zucker, der Zitronenschale und dem Vorteig zu einem geschmeidigen Teig verarbeiten.

- Den Teig nochmals 15 Minuten gehen lassen.

- Danach den Teig etwa einen Zentimeter dick ausrollen, Weckmänner daraus formen, Rosinen als Augen und Knöpfe, die Mandel als Mund eindrücken.

- Die Weckmänner mit verquirltem Eigelb bestreichen und nochmals weitere 15 Minuten gehen lassen.

- Die Weckmänner im vorgeheizten Backofen auf der mittleren Schiebeleiste 10-15 Minuten bei 210° Celsius (Heißluft 180°) backen.

Apfelkompott

Im Gegensatz zum Apfelmus, das der Rheinländer zum Reibekuchen so sehr liebt, findet man im Apfelkompott noch einzelne Apfelstückchen vor.

ZUTATEN (für 4 Portionen)

8	süßsäuerliche Äpfel
1 EL	Zitronensaft
2 EL	Zucker
	evtl. gemahlenen Zimt

ZUBEREITUNG

◾ Den Zitronensaft mit einem Viertel Liter Wasser in einen Topf geben.

◾ Die Äpfel waschen, schälen, vierteln, entkernen, in Scheiben schneiden und in das Zitronenwasser geben.

◾ Die Apfelscheiben mit dem Zitronenwasser und dem Zucker zum Kochen bringen und bei mittlerer Hitze 15 bis 20 Minuten köcheln lassen.

◾ Das gegarte Kompott in kleine Nachtischschüsseln füllen, evtl. mit Zimt garnieren und als Abschluss einer Speisenfolge servieren. Vanillesauce oder Schlagsahne schmecken lecker dazu.

ANMERKUNG

◾ Füllt man das Apfelkompott noch kochendheiß randvoll in gut gereinigte Gläser und schließt diese sofort mit einem Deckel, ist es mehrere Monate haltbar.

Rhabarberkompott mit Quarknocken

Ein exquisiter Nachtisch!

ZUTATEN (für 8 Portionen)

für das Kompott

1 kg	Rhabarber
300 g	Zucker
1 Packung	Vanillezucker
	abgeriebene Schale von 1/2 Zitrone
	Zitronensaft

ZUBEREITUNG

- Vorsichtig die äußere Haut vom Rhabarber abziehen und diesen in 2 Zentimeter lange Stücke schneiden.

- Die Rhabarberstücke mit dem Zucker vermengen und 20 Minuten Saft ziehen lassen.

- Den Rhabarber mit dem Saft, dem Zucker, dem Vanillezucker und den Zitronenzesten in einem Topf mit 200 Millilitern Wasser zugedeckt 5 Minuten weich dünsten.

- Abschließend das Rhabarberkompott mit Zucker und Zitronensaft abschmecken und zum Servieren kühl stellen.

ZUTATEN

für die Nocken

300 g	Quark (halbfett 20%)
100 g	Butter
1	Ei
2	Eigelb
40 g	Zucker
	abgeriebene Schale von 1/2 Zitrone
1	Vanilleschote
100 g	Gries
	Salz

ZUBEREITUNG

- Den Quark in einem feinen Sieb abtropfen lassen.

- Die Vanillestange längs aufschneiden und das Mark vorsichtig herauskratzen.

- Die Butter mit dem Salz, den Zitronenzesten, dem Vanillemark, dem Ei und den Eigelben in einer Küchenmaschine schaumig schlagen, bis sich das Volumen verdoppelt hat, den Zucker hinein rieseln und dann den Quark und den Gries mit dem Schneebesen unterheben.

- Den Nockenteig 2 Stunden kühl stellen.

- Einen Topf mit etwa einem Liter Wasser, mit einer Prise Salz gewürzt und mit den zwei Hälften der ausgekratzten Vanilleschoten zum Kochen bringen.

- Mit zwei kleinen Löffeln 16 ausgeformte Nocken aus dem Teig stechen, in den kochenden Sud geben und auf kleinste Hitze stellen.

- Die Nocken 10 Minuten ziehen lassen, dann mit dem Schaumlöffel vorsichtig aus dem Wasser heben und zum Abtrocknen auf Küchenpapier geben.

ANRICHTEN

- Das Rhabarberkompott in Nachtischschüsseln füllen und je zwei Griesnocken auf das Kompott geben und mit einem Minzeblatt verziert servieren.

Orangencreme à la VERPOORTEN

ZUTATEN (für 4 Personen)

7	unbehandelte Orangen
450 g	Vollmilchjoghurt
70 g	Zucker
1 Pck.	Vanillezucker
50 ml	VERPOORTEN ORIGINAL (ca. 5 EL)
3 Blätter	Gelatine
300 g	Sahne
	Schokostreusel zum Bestreuen

ZUBEREITUNG

- Orange heiß abwaschen, trocknen und die Schale abreiben. Die restl. Orangen gründlich schälen. Filets über einer Schüssel aus den Trennhäuten herauslösen, dabei den Saft auffangen.

- Joghurt, Zucker, Vanillezucker, VERPOORTEN ORIGINAL, die abgeriebenen Orangenschalen und 5 EL O-Saft in einer gr. Schüssel geben – glatt miteinander verrühren.

- Gelatine in kaltem Wasser einweichen, ausdrücken und in der warmen Creme auflösen. Sahne steif schlagen und unter die Creme heben.

Beerenkompott mit Quarknocken

ZUTATEN (für 4 Nachtischportionen)

300 g	Beerenobst
75 g	Zucker
250 g	Mascarpone
150 g	Vollmilchjoghurt
2 EL	Zitronensaft
	Schlagsahne und Obst zum Garnieren

ZUBEREITUNG

- Die Beeren mit dem Zucker, Mascarpone und Joghurt in einem hohen Gefäß pürieren.

- Die Creme mit Zitrone abschmecken und in hohe Gläser füllen.

- Zum Servieren auf die Cremegläser etwas Sahne geben und das Glas mit Früchten garnieren.

Eierlikörpfannkuchen

Bonn ist die Hauptstadt des Eierlikörs. Hier befindet sich ein großer Erzeugerbetrieb, der seine Produkte weltweit vertreibt. Vielfältig sind die Anwendungen des Eierlikörs, vom Kuchen, über Cocktails bis zum Nachtisch…

ZUTATEN

5	Eier
200 g	Zucker
1 Prise	Salz
1/8 l	Öl
1/4 l	Eierlikör
100 g	geriebene Mandeln
1 EL	Zitronensaft
	einige Tropfen Bittermandel-Aroma
125 g	Weizenmehl
125 g	Mondamin
1/2 Päckchen	Backpulver
	Puderzucker zum Bestäuben

ZUBEREITUNG

- Die Eier mit dem Zucker, Salz und Öl schaumig glatt rühren, Eierlikör, Mandeln, Zitronensaft und Bittermandel-Aroma zufügen und gut verquirlen.

- Mehl und Mondamin mit Backpulver mischen, nach und nach unterrühren.

- Den Teig in eine gefettete, gemehlte Rodonkuchenform geben und im vorgeheizten Backofen bei 190° Celsius circa 40 bis 45 Minuten backen.

- Nach dem Erkalten den Kuchen aus der Form lösen und mit Puderzucker bepudert servieren.

ANMERKUNG

- Eierlikör kann man auch selbst zubereiten. Dazu schlägt man drei Eigelb, ein Päckchen Vanillezucker und 100 Gramm Puderzucker mindestens 8 Minuten mit dem Mixer auf höchster Stufe cremig. Dann gibt man die Schlagsahne dazu und verrührt die Masse weitere 5 Minuten. Nun fügt man 100 Milliliter Weinbrand hinzu und verrührt den Eierlikör noch einmal drei Minuten. Nun kann der Eierlikör abgefüllt werden. Im Eisschrank kühl gestellt ist er etwa 4 Wochen haltbar.

Bonn *am Rhein*

Bonn zählt zu den reizvollsten Städten am Rhein und geht – wie so viele andere – auf römische Ursprünge zurück. Hier bestand am *Castra Bonnensia* sogar eine Rheinbrücke. Mehrere hundert Jahre hielten sich die Römer, bis die Franken die Führung übernahmen. Um das Jahr 1000 verlagerte sich der Siedlungsschwerpunkt vom ehemaligen römischen Lagerplatz zur 804 erstmals erwähnten Münsterbasilika. Im 13. Jahrhundert erhielt die Stadt eine Mauer. Das 16. Jahrhundert war durch Religionskriege gekennzeichnet, in deren Verlauf die Godesburg zerstört wurde. 1597 erwählten die Kölner Kurfürsten Bonn endgültig zu ihrer Residenz. Ende des 17. Jahrhunderts wurde Bonn im Zuge der französischen Reunionskriege zerstört. Ab 1715 erfolgte der barocke Neubau des Residenzschlosses. 1770 wurde Ludwig van Beethoven in Bonn geboren. In nachnapoleonischer Zeit kam Bonn mit dem gesamten Rheinland unter preußische Verwaltung. 1818 wurde die Universität gegründet, die ihren Sitz in der ehemaligen Residenz erhielt. 1898 erfolgte der Bau der ersten festen Rheinbrücke zwischen Bonn und Beuel. Schon am Ende des ersten Weltkriegs wurde die Stadt Opfer eines ersten Fliegerangriffs. 1938 fand das Treffen zwischen Hitler und Chamberlain in Bad Godesberg statt. Im Zweiten Weltkrieg erlitt Bonn schwere Schäden durch mehrere verheerende Bombenangriffe. Die stark zerstörte Stadt wurde 1949 zur vorläufigen Hauptstadt der jungen Bundesrepublik Deutschland ernannt. Diese Funktion verlor Bonn nach der Wiedervereinigung wieder – nunmehr ist Berlin wieder deutsche Hauptstadt.

Von der über 40jährigen Hauptstadtfunktion hat Bonn stark profitieren können. Der Wiederaufbau erfolgte rasch. Große Firmen richteten ihren Sitz in Bonn ein, wie zum Beispiel die Post und die Telekom. Großartige Museen entstanden, Bonn wurde großzügig ausgebaut und erhielt viele gepflegte Grünflächen. Die Universität ist geblieben und gibt der über 200 Jahre alten Stadt ihr jugendliches Flair. Heute hat Bonn noch immer als so genannte Bundesstadt viele Regierungsfunktionen und konnte eine Reihe von UN-Behörden an sich ziehen, so dass sich die Stadt heute auch stolz UN-Stadt nennt.

Das Herz der Stadt liegt am Marktplatz, wo sich auch das barocke Rathaus aus dem Jahr 1737 befindet. Nahebei steht das ehemalige Kurfürstliche Schloss, verbunden durch die von Kastanien gesäumte Poppelsdorfer Allee mit dem Poppelsdorfer Schloss und seinem großartigen Botanischen Garten. Am Münsterplatz steht die romanisch-gotische Münsterbasilika, ein Hauptwerk des rheinischen Übergangsstils. Weitere bedeutende Sakralbauten sind die Doppelkirche in Schwarzreindorf mit ihren berühmten Fresken sowie die barocke Kreuzbergkirche mit ihrer von Balthasar Neumann gestalteten Treppe als *Point de Vue* der Poppelsdorfer Allee. Reste der alten Stadtbefestigung stellen noch der Alte Zoll am Rhein sowie das versetzte Sterntor dar. Die Godesburg war lange Zeit einer der Amtssitze der Kölner Kurfürsten. Unmittelbar darunter nutzten sie gen Ende ihrer Herrschaft unter Kurfürst Max Franz die Godesburger Mineralquellen und errichteten unter anderem die Redoute, einen schon klassizistischen Ballsaal. Moderne Bauten stellen die Parlamentsgebäude der unmittelbaren Nachkriegszeit mit dem späteren Abgeordnetenhochhaus dar, heute überragt vom 162,5 Meter hohen Posttower. An der Adenauer- und Godesberger Allee stehen die Bauten der

Museumsmeile, die Bonn zweifelsohne seiner Funktion als Hauptstadt zu verdanken hat. Zu erwähnen ist auf jeden Fall noch das Fachwerkhausensemble des Bonn-Bad Godesberger Ortsteils Muffendorf. Von außerordentlicher Bedeutng ist auch der Alte Friedhof, noch im 18. Jahrhundert vor den Toren der Stadt eingerichtet. Hier liegen bedeutende Kulturschaffende der Stadt wie etwa Clara und Robert Schumann. Weithin bekannt ist Bonn nicht zuletzt wegen des hier alljährlich ausgetragenen Beethovenfestes. Von ganz anderem Charakter ist Pützchens Markt, die ebenfalls alljährlich stattfindende Großkirmes im Bonn-Beueler Ortsteil Pützchen.

Obstschnaps

Ein Obstschnaps zum Abschluss eines guten Essens ist gleichermaßen bekömmlich wie genussvoll. Und bei soviel Obst im Rheinland wäre es verwunderlich, wenn es hier keine Brennerei gäbe. Natürlich – im rheinischen Apfelgarten in Altendorf bei Meckenheim. Der Brenner Brauweiler hat schon viele Preise für seine Schnäpse einheimsen können, vor allem für seine sortenreinen Apfel- und Birnenbrände.

Nur selber machen darf man keinen Obstschnaps. Um überhaupt Obst brennen zu dürfen, muss man im Besitz eines Brennrechtes sein. Ohne dieses Brennrecht darf kein Brennkessel betrieben werden. Früher wurden die Brennrechte in begrenzter Zahl von den Regierungen vergeben, neue dagegen nicht mehr. Ein Brenner muss also entweder eine Brennlizenz erwerben oder eine Lizenz erben. Selbst dann geht es nicht ohne Zoll. Denn, wer brennt, muss die dafür vorgesehene Steuer, die so genannte Monopolabgabe, an den Zoll entrichten. Der Brennrechteinhaber muss den jeweiligen Brennvorgang bei der zuständigen Zolldienststelle anmelden. Diese Anmeldung ist Grundlage der Besteuerung des Obstes und richtet sich unter anderem nach der Menge des Obstes und der Obstart. Aufgrund dieser Angaben erlässt die Zollbehörde die Brennerlaubnis. Erst jetzt darf der Brenner zu den von ihm angegebenen Zeiten sein Obst brennen.

Herrenhaus Altendorf

Inmitten der Meckenheimer Obstplantagen steht im Ortsteil Altendorf ein alter Rittersitz. Das Herrenhaus Burg Altendorf geht auf eine ehemals von Wassergräben umwehrte Burg zurück, die 1673 zerstört wurde. Von der Burg sind ein zugeschütteter Brunnen, Grundmauerreste sowie das anstelle der zerstörten Burg im 18. Jahrhundert errichtete zweigeschossige Herrenhaus erhalten. Das Herrenhaus ist heute im Besitz der Stadt Meckenheim, die dieses Bauwerk restaurieren ließ und der Öffentlichkeit für Veranstaltungen zur Verfügung stellt.

Rezeptregister

Bildnachweis

5: ©paradoksB, fotolia.de
6: ©Jens Hilberger, fotolia.de
6 gr.: ©paradoksB, fotolia.de
8: ©LianeM, fotolia.de
10: ©beatuerk, fotolia.de
13: ©marén Wischnewski, fotolia.de
17: ©sil007, fotolia.de
19: ©silencefoto, fotolia.de
23: ©Esther Hildebrandt, fotolia.de
26: ©amandare, fotolia.de
33: ©VERPOORTEN
34: ©visual-and-concepts, fotolia.de
36: ©ExQuisine, fotolia.de
38: ©womue, fotolia.de
42: ©Thomas Francois, fotolia.de
45: ©Richard Oechsner, fotolia.de
46: ©Doris Heinrichs, fotolia.de
47: ©Rico, fotolia.de
49: ©Bernd Jürgens, fotolia.de
51: ©VIPDesign, fotolia.de
52: ©Sergio Martinez, fotolia.de
53: ©Guido Jakobs, fotolia.de
54: ©ErnstPieber, fotolia.de
55: ©Chantal S, fotolia.de
56: ©Tom Bayer, fotolia.de
57: ©bilderstöckchen, fotolia.de
59: ©yetishooter, fotolia.de
60: ©Martin Schlecht, fotolia.de
62: ©Denis Dryashkin, fotolia.de
71: ©Carmen Steiner, fotolia.de
73: ©sil007, fotolia.de
77: ©Barbara Pheby, fotolia.de
79, 81: ©sil007, fotolia.de

82: ©Vasily Topko, fotolia.de
83: ©kmit, fotolia.de
94: ©blende40, fotolia.de
96: ©ostromec, fotolia.de
97: ©redhorst, fotolia.de
101: ©HLPhoto, fotolia.de
103: ©sil007, fotolia.de
105: ©silencefoto, fotolia.de
106: ©Yasonya, fotolia.de
112: ©Zakharov Evgeniy, fotolia.de
115: ©ExQuisine, fotolia.de
117: ©lazzeri, fotolia.de
119: ©ExQuisine, fotolia.de
122: ©VRD, fotolia.de
125: ©Heike Rau, fotolia.de
127: ©Thomas Francois, fotolia.de
129: ©Angelika Bentin, fotolia.de
131: ©Swetlana Wall, fotolia.de
135: ©Andrea Wilhelm, fotolia.de
137: ©Comugnero Silvana, fotolia.de
139: ©Simone Andress, fotolia.de
141: ©petrabarz, fotolia.de
145: ©manla, fotolia.de
146: ©Uwe Pillat, fotolia.de
149: ©Uschi Hering, fotolia.de
151: ©hfng, fotolia.de
153: ©Marty Kropp, fotolia.de
155: ©Swetlana Wall, fotolia.de
156: ©LianeM, fotolia.de
162: ©wojciech nowak, fotolia.de
167: ©blende40, fotolia.de
169: ©Comugnero Silvana, fotolia.de
173: ©wojciech nowak, fotolia.de

175: ©Harald Lange, fotolia.de
179: ©Leiftryn, fotolia.de
181: ©Günter Menzl, fotolia.de
183: ©NICOLAS LARENTO, fotolia.de
185: ©CPJ Photography, fotolia.de
186: ©Wolgin, fotolia.de
189: ©Comugnero Silvana, fotolia.de
190: ©ErnstPieber, fotolia.de
193: ©HLPhoto, fotolia.de
194: ©ErnstPieber, fotolia.de
196: ©LianeM, fotolia.de
205: ©Ric Esplana Babor, fotolia.de
209: ©serkolod, fotolia.de
211: ©Alexei Novikov, fotolia.de
213: ©Otto Durst, fotolia.de
214: ©emer, fotolia.de
216: ©Reena, fotolia.de
221: ©victoria P., fotolia.de
225: ©Alexandr Vlassyuk, fotolia.de
226: ©sailer, fotolia.de
227: ©Joerg Mikus, fotolia.de
231: ©Jola B., fotolia.de
232: ©Michael Fritzen, fotolia.de
233: ©Patrice MARTY, fotolia.de
235: ©Joerg Mikus, fotolia.de
237: ©ExQuisine, fotolia.de
239: ©VERPOORTEN
240: ©newa, fotolia.de
244: ©Christian Jung, fotolia.de

Alle anderen Fotos von Hans Otzen

OB WILDE ROTE ODER STILLES WASSER...

...DA SINZIG ALLE EINIG.

Kölsches Kochbuch

„Et kleine kölsche Kochbuch" vereint tradierte kölsche Rezepte mit
Geheimtipps und halb vergessen Geglaubtem. Ob Döppekoche oder
Himmel un Äd - letztendlich geht ja auch die Liebe zum Rheinland
durch den Magen... Zweisprachig: op kölsch un hochdeutsch!

Gebundene Ausgabe: 182 Seiten, Format: 13,2 x 12 cm
ISBN-13: 978-3-933070-88-3

€ 8,50

Schlesisches Himmelreich
Die besten Rezepte aus Schlesien

„Wer das Himmelreich nicht kennt, der hat umsonst gelebt", sagen die Schlesier. So ist das Himmelreich das Nationalgericht der Schlesier, das nicht nur wegen der Klöße geliebt wird.
In diesem liebevoll gestalteten Kochbuch finden sich die besten Rezepte der schlesischen Küche, wie sie die Großmutter traditionell gekocht hat.

Hardcover, Format: 297 x 225 mm, 272 Seiten
ISBN 978-3-941557-71-0

€ (D) 9,95 / € (A) 10,30

Danziger Hering
Und 100 weitere leckere Rezepte aus Pommern

Käse, Eier und Milch – das sind die Grundzutaten der pommerschen Küche. Aus diesen lassen sich viele verschiedene Gerichte zaubern, wie Apfelknödel, Käsewindbeutel, Römische Pasteten oder Kirsch-Grießpfanne. Garniert mit Anekdoten und Gedichten in pommerscher Mundart erlebt der Leser die gesamte Vielfalt der pommerschen Küche.

Hardcover, Format: 297 x 225 mm, 280 Seiten
ISBN 978-3-939284-11-6

ca. € (D) 9,99 / € (A) 10,30 / SFR 18,90

Dirk Laubner / Wienand Kerkhoff
Das Rheinland aus der Luft

Manche Zusammenhänge offenbaren sich erst aus neuer, ungewohnter Perspektive – so auch in diesem Bildband, der das Rheinland mal in einem ganz anderem Licht zeigt: aus der Vogelperspektive. Hochwertige und durchweg aktuelle Luftbilder des Fotografen Dirk Laubner zeigen die unterschiedlichen Kulturlandschaften des Rheinlandes von Köln bis Koblenz, mit einem besonderen Augenmerk auf Bonn und Umgebung.

Hardcover, Format: 20 x 25 cm, ca. 120 Seiten,
durchgehend vierfarbig mit zahlreichen Fotos
ISBN: 978-3-939908-75-3

€ (D) 19,95 / € (A) 20,50

Hans Otzen / Christian Griesche
Bäume in und um Bonn

Eiche und Buche, Esche und Ulme – und 100 weitere Baumarten, darunter so exotische wie der Mammutbaum, die Sumpfzypresse, der Ginkgo oder die Gleditschie, sind in Bonn und Umgebung anzutreffen. Sei es nur fossil in den Braunkohlegruben der Ville, hier werden sie alle eindrucksvoll bebildert und ausführlich beschrieben.

Softcover, Format 125 x 194 mm,
264 Seiten, zahlreiche farbige Bilder
ISBN 978-3-941557-53-6

€ (D) 14,95 / € (A) 15,40

Hardcover,
Format: 210 x 210 mm, ca. 216 Seiten,
zahlreiche Farbfotos, liebevoll gestaltet,
ISBN: 978-3-939908-83-8

€ (D) 16,95 / € (A) 17,20

Barbara & Hans Otzen

Das Eifel-Kochbuch

Die Eifel hat sich inzwischen zu einem kulinarischen Geheimtipp gemausert. Hier gibt es nicht nur Spitzengastronomiebetriebe und Spitzenweine, sondern auch die vielen Spezialitäten der Eifel wie Bauernkäse, Fleisch und Wild, Wurstwaren und Schinken, Gemüse, Obst und Schnaps, die die Neugierde der Besucher wecken und die man in den vielen Bauernläden der Region erwerben kann.

Gerichte wie Gierschsalat, Bitburger Biersupper, Döppekooche, Monschauer Tafelspitz und Dippehas dürften eingeborenen Eifelanern das Wasser im Munde zusammen laufen lassen. Doch wer kennt noch das Geheimnis ihrer Zubereitung? Für Lokalpatrioten ebenso wie für Zugezogene und Touristen dürfte dieses hochwertige und mit schönen Bildern illustrierte Kochbuch ein gelungenes Mitbringsel und eine echte Bereicherung sein.

Es lohnt sich, einen Blick in die Eifeler Kochtöpfe zu werfen, denn aus den traditionellen Produkten und Rezepten sind neue Genüsse entstanden, die man andernorts so nicht findet.

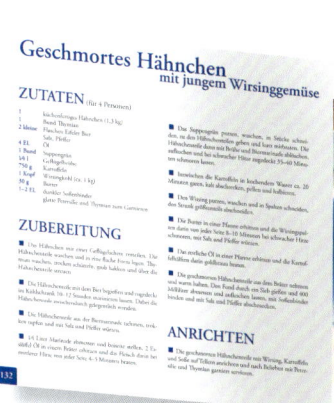

Mit schöner Tradition erhalten Sie unsere Kalender jedes Jahr aufs Neue!

Siebengebirge 2012
ISBN: 978-3-941557-94-9

Bonn 2012
ISBN: 978-3-941557-92-5

Bonn in alten Ansichten 2012
ISBN: 978-3-941557-93-2

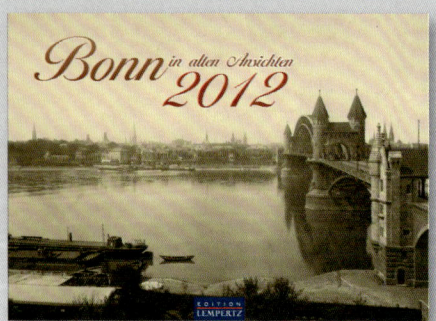

Je € 14,95

13 Seiten im Vierfarb-Kunstdruck,
mit erläuterndem Zusatzblatt,
im Querformat 470 x 330 mm,
Spiralbindung, einzeln eingeschweißt,
mit außen sichtbarer Motivübersicht

Kölsch für ze plane
Wandplaner 2012

ISBN: 978-3-941557-91-8
Format 100 x 70 cm,
1 Seite, zahlr. Illustrationen,
vierfarbig, einzeln verpackt
€ 6,95

Kölsch für ze plane
Streifenplaner 2012

ISBN: 978-3-941557-90-1
Format 8,5 x 70 cm,
13 Seiten,
zahlr. Illustrationen,
vierfarbig
€ 9,95